高校入試対策

英語リスニング 練習問題

実践問題集　京都府版 2025年春受験用

contents

K　教英出版

本書の特長

① 基本問題集（別冊）

英語リスニング問題を**7章の出題パターン別**に練習できる問題集です。
京都府公立高校入試の英語リスニング問題の**出題パターンを重点的に練習**できます。

② 解答集（別冊）

①基本問題集の解答・解説・放送文・日本語訳などを収録。すべての問題の**放送文と日本語訳を見開きページで見る**ことができ，**単語や表現を1つずつ照らし合わせながら復習**ができます。

③ 実践問題集京都府版（この冊子）

京都府公立高校入試の**過去問題**(2回分)と，形式が似ている**実践問題**(3回分)を収録。
京都府公立高校入試の**出題パターンの把握**や**入試本番に向けての練習**に最適です。

実践問題集 京都府版 の特長と使い方

京都府公立高校入試で**実際に出題された**問題です。

京都府公立高校入試と**出題パターンが似ている**問題です。

 使い方

2ページの**過去の典型的な出題パターンと対策**で出題パターンを把握してから，**過去問題と実践問題**に進んでください。問題を解いた後に**解答例と解説**を見て，**答えにつながる聴き取れなかった部分を聴き直す**と効果的です。別冊の**基本問題集**で**出題パターン別**に練習して，**出題パターンに合った実力**をつけてからこの冊子に進むと，**過去問題と実践問題をよりスムーズに解く**ことができます。

音声の聴き方

教英出版ウェブサイトの「ご購入者様のページ」に下記の「書籍ID番号」を入力して音声を聴いてください。

ID 158028 （有効期限 2025 年 9 月）　　　ＩＤの入力はこちらから→

 購入された個人の方が，ご自身の学習のためにコピーを利用していただくことは可能ですが，それ以外の目的でコピーすることはおやめください。

過去の典型的な出題パターンと対策

▶ 次の一言… 対話を聞き，次の言葉を選ぶ　⇦ 別冊　第2章

放送文

Yuka	:	Good morning, Bob. I have good news.
Bob	:	Oh, you look so happy. What happened, Yuka?
Yuka	:	（チャイム音）

問題　対話を聞いて，チャイム音の部分に入る発言として適切なものをア〜エから1つ選び，記号を書きなさい。

ア　I feel tired now.　　　　　　　イ　I won the prize in the piano contest yesterday.

ウ　I lived there last year.　　　　エ　I'd like to know when they'll meet tomorrow.

▶ 対話や英文と質問(1つ)… 対話や英文を聞き，質問の答えを選ぶ　⇦ 別冊　第3章

放送文

A	:	What do you want to eat for lunch?
B	:	Well... I'd like to have an omelet and some coffee. How about you, Tomoya?
A	:	I'm very hungry. So I'd like to have a hamburger and some milk.
B	:	Then, shall we eat at a cafeteria near the station?

質問します。　　　What is Tomoya going to have for lunch?

問題　対話を聞いて，質問に合うものをア〜エから1つ選び，記号を書きなさい。

ア．An omelet and some coffee.　　イ．An omelet and some milk.

ウ．A hamburger and some coffee.　エ．A hamburger and some milk.

▶ 対話と質問(複数)… 対話を聞き，複数の質問の答えを選ぶ　⇦ 別冊　第5章

放送文

Miki: Hi, Jim. What will you do this weekend?

Jim: Hi, Miki. On Saturday, I am going to go to see a popular movie in the new theater in front of the station.

↓ この間省略

Miki: Well, shall I lend you the book? I think you can enjoy watching the movie more if you have some information about the team.

Jim: Yes, please. The book will be helpful for getting ready to watch the movie. Thank you very much.

Question 1: What was the thing Miki liked the best about the movie?

Question 2: What will Jim probably do before he watches the movie?

問題　対話を聞いて，それぞれの質問に合うものをア〜エから1つ選び，記号を書きなさい。

(1)　ア　The actor.　　イ　The history.　　ウ　The story.　　エ　The theater.

(2)　ア　He will listen to the music in the movie with Miki.
　　　イ　He will read the book which he is going to borrow.
　　　ウ　He will talk about the story of the movie with Miki.
　　　エ　He will get ready to write a book about the movie.

Point

対策ポイント

対話と質問の問題では，音声を聞く前に問題を見て選択肢を比べ，音声の内容を予想しよう。対話を聞くときは，選択肢に関わる内容を特に注意して聞き，メモしよう。また，質問は主語を正しく聞き取り，誰(何)についての質問かを正しく聞き取ることが最も大切である。

過去問題 A

4 それぞれの質問に対する答えとして最も適当なものを，次の（ア）〜（エ）から1つずつ選べ。

（1） （ア） On Monday. （イ） On Tuesday.
  （ウ） On Thursday. （エ） On Sunday.

（2） （ア） One apple. （イ） Two apples.
  （ウ） Three apples. （エ） Six apples.

5 それぞれの質問に対する答えとして最も適当なものを，次の（ア）〜（エ）から1つずつ選べ。

（1） （ア） おもしろい （イ） 広い
  （ウ） 小さい （エ） 役に立つ

（2） （ア） 小さい車を駐車する場所 （イ） 食べ物や飲み物を置く場所
  （ウ） 4台の自転車を載せる場所 （エ） 商品を販売する場所

6 それぞれの会話のチャイムのところに入る表現として最も適当なものを，下の（ア）〜（エ）から1つずつ選べ。

（例題） A： Hi, I'm Hana.
    B： Hi, I'm Jane.
    A： Nice to meet you.
    B： 〈チャイム音〉

    （ア） I'm Yamada Hana. （イ） Nice to meet you, too.
    （ウ） Hello, Jane. （エ） Goodbye, everyone.

（解答例）

ア	イ	ウ	エ
	ⓘ		

（1） （ア） Yes, it is about four hundred years old. （イ） Yes, a famous person built it.
  （ウ） Yes, it was built in Kyoto. （エ） Yes, you went there two years ago.

（2） （ア） My shirt is twenty dollars. （イ） There are three for each color.
  （ウ） It's twenty dollars. （エ） I can show you another color.

問題番号		答の番号	答 の 欄			
4	（1）	【20】	ア	イ	ウ	エ
	（2）	【21】	ア	イ	ウ	エ
5	（1）	【22】	ア	イ	ウ	エ
	（2）	【23】	ア	イ	ウ	エ
6	（1）	【24】	ア	イ	ウ	エ
	（2）	【25】	ア	イ	ウ	エ

過去問題 A 　放送文

それでは，問題4の説明をします。

問題4は（1）・（2）の2つがあります。それぞれ短い会話を放送します。次に，Question と言ってから英語で質問をします。それぞれの質問に対する答えは，問題用紙に書いてあります。最も適当なものを，（ア）・（イ）・（ウ）・（エ）から1つずつ選びなさい。会話と質問は2回放送します。

それでは，問題4を始めます。

（1）　A：　Emma, when should I finish my homework?
　　　B：　You have to give it to your teacher next Tuesday morning, Meg.
　　　A：　I will try it at home on Sunday because I will have enough time for that.
　　　B：　Good. If you have a question, you can ask someone at school on Monday.

　　　Question: When will Meg do her homework at home?

もう一度放送します。

〈会話・質問〉

（2）　A：　Hi, Mom, I want to make an apple pie, so I need two apples. How many apples did you buy yesterday?
　　　B：　Hi, Keiko. I bought six apples yesterday, and I gave one apple to my friend.
　　　A：　We ate two apples last night, so there are three apples at home, right?
　　　B：　No, there is one apple because your father ate two apples this morning.
　　　A：　OK. Then, I will get one apple at the shop.
　　　B：　I see.

　　　Question: How many apples will Keiko buy to make an apple pie?

もう一度放送します。

〈会話・質問〉

これで，問題4を終わります。

次に，問題5の説明をします。

これから，留学生のジェシカ・ホワイトによるスピーチを放送します。つづいて，英語で2つの質問をします。それぞれの質問に対する答えは，問題用紙に日本語で書いてあります。最も適当なものを，（ア）・（イ）・（ウ）・（エ）から1つずつ選びなさい。スピーチと質問は2回放送します。

それでは，問題5を始めます。

Jessica White：　Hello, everyone. I'm Jessica White. I stay at Misa's house. Misa's father, Hiroshi, often takes me and Misa to interesting places by car, and I found some different points between Hiroshi's car and my father's. My father's car is very big. My family can put four bikes in it easily. There are a lot of large streets in my country, so people can see many big cars like my father's. So, when I first saw Hiroshi's car, I was surprised because it was small! But now, I know it has some good points. For example, we only need a small place to put the car when we go shopping. So, it's easy to visit a small shop in town. Also, there are many useful places for putting something to eat and drink even in the small car. That is good when we travel. Hiroshi's car and my father's are different, but each one has good points to enjoy going out by car in each country. Thank you.

Question（1）: What did Jessica think about Hiroshi's car when she saw it for the first time?

Question（2）: What kind of places are there in Hiroshi's car?

もう一度放送します。

〈スピーチ・質問〉

これで，問題5を終わります。

次に，問題6の説明をします。
　問題6は（1）・（2）の2つがあります。それぞれ短い会話を放送します。それぞれの会話の，最後の応答の部分にあたるところで，次のチャイムを鳴らします。〈チャイム音〉このチャイムのところに入る表現は，問題用紙に書いてあります。最も適当なものを，（ア）・（イ）・（ウ）・（エ）から1つずつ選びなさい。

問題用紙の例題を見なさい。例題をやってみましょう。

（例題）　A： Hi, I'm Hana.
　　　　　B： Hi, I'm Jane.
　　　　　A： Nice to meet you.
　　　　　B： 〈チャイム音〉

正しい答えは（イ）の Nice to meet you, too. となります。ただし，これから行う問題の会話の部分は印刷されていません。

それでは，問題6を始めます。会話は2回放送します。

（1）　A： I am glad to come here.
　　　　B： Me, too. I love this temple.
　　　　A： It looks very old. Do you know when it was built?
　　　　B： 〈チャイム音〉

もう一度放送します。

〈会話〉

（2）　A： Excuse me. I like this bag, but can I see another color?
　　　　B： Sure. We also have three other colors, white, black and orange. Which color do you like?
　　　　A： I think the orange one is the best. It will look good with my shirt. How much is it?
　　　　B： 〈チャイム音〉

もう一度放送します。

〈会話〉

これで，問題6を終わります。

3 それぞれの質問に対する答えとして最も適当なものを，次の（ア）～（エ）から1つずつ選べ。

（1）（ア）To the park.　　　　　　　　　　（イ）Last month.
　　　（ウ）Every weekend.　　　　　　　　（エ）Her father did.

（2）（ア）Curry and spaghetti.　　　　　　（イ）Spaghetti and some tomatoes.
　　　（ウ）Some tomatoes and coffee.　　　（エ）Curry and coffee.

4 それぞれの質問に対する答えとして最も適当なものを，次の（ア）～（エ）から1つずつ選べ。

（1）（ア）5つのクラブ　　　　　　　　　　（イ）12のクラブ
　　　（ウ）15のクラブ　　　　　　　　　　（エ）20のクラブ

（2）（ア）球技に興味があり，強いチームで活動したかったから。
　　　（イ）親切な部員がおり，また，科学部の活動日と重ならないから。
　　　（ウ）以前に母が使っていたボールを持っているから。
　　　（エ）兄と練習したことがあり，また，練習日が自分に合っているから。

5 それぞれの会話のチャイムのところに入る表現として最も適当なものを，下の（ア）～（エ）から1つずつ選べ。

（**例題**）A：　Hi, I'm Hana.
　　　　　B：　Hi, I'm Jane.
　　　　　A：　Nice to meet you.
　　　　　B：　〈チャイム音〉

　　　　　　　（ア）I'm Yamada Hana.　　　　（イ）Nice to meet you, too.
　　　　　　　（ウ）Hello, Jane.　　　　　　　（エ）Goodbye, everyone.

（**解答例**）

ア	イ	ウ	エ
	⊘		

（1）（ア）I have just left home. I'll be there soon.　（イ）I have two. You can use one of them.
　　　（ウ）Yes, it is. It was sunny yesterday.　　　　（エ）I don't know when you leave here.

（2）（ア）That's nice. I'll buy one of them.　　　　　（イ）I don't want to buy any books.
　　　（ウ）You should go to another bookstore.　　　　（エ）I see. You wrote good English.

問題番号		答の番号	答 の 欄			
3	（1）	【15】	ア	イ	ウ	エ
	（2）	【16】	ア	イ	ウ	エ
4	（1）	【17】	ア	イ	ウ	エ
	（2）	【18】	ア	イ	ウ	エ
5	（1）	【19】	ア	イ	ウ	エ
	（2）	【20】	ア	イ	ウ	エ

それでは，問題3の説明をします。

　問題3は（1）・（2）の2つがあります。それぞれ短い会話を放送します。次に，Question と言ってから英語で質問をします。それぞれの質問に対する答えは，問題用紙に書いてあります。最も適当なものを，（ア）・（イ）・（ウ）・（エ）から1つずつ選びなさい。会話と質問は2回放送します。

それでは，問題3を始めます。

（1）　A：　Emma, your bike is really nice! Do you enjoy riding it?
　　　　B：　Yes. I go to the park with my brother by bike every weekend.
　　　　A：　Great. When did you get it?
　　　　B：　I got it last month. My father bought it for me.

　　　　Question: When did Emma get the bike?

もう一度放送します。

〈会話・質問〉

（2）　A：　Mom, what are you going to cook for dinner today?
　　　　B：　I'm going to cook curry or spaghetti. Meg, if you like spaghetti, I want you to go and buy some tomatoes.
　　　　A：　Well, I ate curry yesterday, so I want to eat spaghetti. OK, I'll go. I think we need some coffee after dinner. I'll buy that, too.
　　　　B：　Thank you.

　　　　Question: What will Meg buy?

もう一度放送します。

〈会話・質問〉

これで，問題3を終わります。

次に，問題4の説明をします。

　これから，アリスと春子の会話を放送します。つづいて，英語で2つの質問をします。それぞれの質問に対する答えは，問題用紙に日本語で書いてあります。最も適当なものを，（ア）・（イ）・（ウ）・（エ）から1つずつ選びなさい。会話と質問は2回放送します。

それでは，問題4を始めます。

Alice　：　Hi, Haruko. Have you decided your club yet?
Haruko：　Hi, Alice. Yes. I'll join the science club. Have you decided?
Alice　：　No, not yet.
Haruko：　We have fifteen clubs in our school. What kind of club do you want to join?
Alice　：　I want to play a sport like volleyball, basketball or tennis, but not swimming or judo.
Haruko：　You mean you want to play ball games, right?
Alice　：　Yes!
Haruko：　We have five clubs for that kind of sport. How about the tennis club? I heard that the members of the club are very kind. They practice every Tuesday and Friday.

Alice ： I have a racket that my mother used before, so I don't need to buy a racket. But I can't go every Tuesday because I have to cook dinner for my family.

Haruko： Then, how about the volleyball club? They practice every Monday, Thursday and Friday.

Alice ： Oh, that's perfect. I often practiced volleyball with my older brother when I was an elementary school student. It was really fun, so I want to do it! I've just decided to join the volleyball club.

Haruko： I heard that the team has twenty members and it is very strong.

Alice ： OK. I'll do my best.

Question（1）： How many ball game clubs do they have in their school?

Question（2）： Why did Alice decide to join the volleyball club?

もう一度放送します。

〈会話・質問〉

これで，問題4を終わります。

次に，問題5の説明をします。
問題5は（1）・（2）の2つがあります。それぞれ短い会話を放送します。それぞれの会話の，最後の応答の部分にあたるところで，次のチャイムを鳴らします。〈チャイム音〉このチャイムのところに入る表現は，問題用紙に書いてあります。最も適当なものを，（ア）・（イ）・（ウ）・（エ）から1つずつ選びなさい。

問題用紙の例題を見なさい。例題をやってみましょう。

（例題）　A： Hi, I'm Hana.
　　　　　B： Hi, I'm Jane.
　　　　　A： Nice to meet you.
　　　　　B： 〈チャイム音〉

正しい答えは（イ）の Nice to meet you, too. となります。ただし，これから行う問題の会話の部分は印刷されていません。

それでは，問題5を始めます。会話は2回放送します。

（1）　A： Look! It's still raining.
　　　　B： Oh, no! Do you have an umbrella?
　　　　A： No. I left it at home. How about you?
　　　　B： 〈チャイム音〉

もう一度放送します。

〈会話〉

（2）　A： What are you looking for, Kumi?
　　　　B： Well, a book which is written in easy English. I want to buy one to study English.
　　　　A： Oh! I think you can find some good ones. Look, there are many books like that kind, here.
　　　　B： 〈チャイム音〉

もう一度放送します。

〈会話〉

これで，問題5を終わります。

実践問題A

放送を聞いて，あとの各問いに答えなさい。

(1) 下の表についての英語による質問を聞いて，その質問に対する答えとして，ア～エから最も適当なものを1つ選び，その記号を書きなさい。

名前	練習したスポーツ	練習した日
Kana	バスケットボール	この前の水曜日
Akiko	バスケットボール	この前の土曜日
Kenji	テニス	この前の水曜日
Naoto	テニス	この前の土曜日

- ア．Kana did.
- イ．Akiko did.
- ウ．Kenji did.
- エ．Naoto did.

(2) 英語による対話を聞いて，それぞれの質問に対する答えとして，ア～エから最も適当なものを1つ選び，その記号を書きなさい。

No. 1
- ア．Yes, he did.
- イ．No, he didn't.
- ウ．Yes, he will.
- エ．No, he won't.

No. 2
- ア．She climbed a mountain with her sister.
- イ．She climbed a mountain with her friend.
- ウ．She watched a movie with her sister.
- エ．She watched a movie with her friend.

No. 3
- ア．He will have soup.
- イ．He will buy bread.
- ウ．He will make salad.
- エ．He will cook omelets.

(1)				
(2)	No. 1		No. 2		No. 3	

(3) 英語による対話を聞いて，それぞれの対話の最後の英文に対する受け答えとして，ア～ウから最も適当なものを1つ選び，その記号を書きなさい。

No. 1
- ア．Here you are.
- イ．You're welcome.
- ウ．It's perfect.

No. 2
- ア．This morning.
- イ．Two hours later.
- ウ．Near the bed.

No. 3
- ア．About two hours ago.
- イ．At about seven in the evening.
- ウ．For about three minutes.

No. 4
- ア．When I was eight years old.
- イ．It was so difficult.
- ウ．My brother taught me.

(4) 高校生のEmiと，カナダからの留学生のMarkとの英語による対話を聞いて，それぞれの質問に対する答えとして，ア～エから最も適当なものを1つ選び，その記号を書きなさい。

No. 1
- ア．Yes, she has.
- イ．No, she hasn't.
- ウ．Yes, she does.
- エ．No, she doesn't.

No. 2
- ア．How to find interesting flowers and trees.
- イ．How to take pictures of flowers.
- ウ．The names of flowers in Japanese.
- エ．The names of flowers in English.

No. 3
- ア．At 7:30.
- イ．At 7:40.
- ウ．At 8:20.
- エ．At 8:30.

(3)	No. 1		No. 2		
	No. 3		No. 4		
(4)	No. 1		No. 2		No. 3	

実践問題 A　[放送文]

　問題は，(1)，(2)，(3)，(4)の4つです。問題用紙の各問いの指示に従って答えなさい。聞いている間にメモを取ってもかまいません。
　それでは，(1)の問題から始めます。(1)の問題は，表を見て答える問題です。下の表についての英語による質問を聞いて，その質問に対する答えとして，**ア～エ**から最も適当なものを1つ選び，その記号を書きなさい。質問は1回だけ放送します。
　では，始めます。

Who practiced basketball last Wednesday?

　これで(1)の問題を終わり，(2)の問題に移ります。

　(2)の問題は，英語による対話を聞いて，質問に答える問題です。それぞれの質問に対する答えとして，**ア～エ**から最も適当なものを1つ選び，その記号を書きなさい。対話は，No. 1，No. 2，No. 3の3つです。対話と質問は1回ずつ放送します。
　では，始めます。

No. 1　A : Hi, Mike. I'm hungry. Why don't we have lunch?
　　　　B : Sure, Yumi. I'm hungry, too.
　　　　A : There are two restaurants near here. Which do you want to have, a hamburger or curry?
　　　　B : Well.... I had curry last night. So, I want a hamburger for lunch.

　　　　　　質問します。　　　Did Mike eat a hamburger last night?

No. 2　A : Hi, Paul. How was your weekend?
　　　　B : It was nice! I climbed a mountain with my sister. How about you, Hannah?
　　　　A : I enjoyed watching a movie with my friend. The story was so nice. I want to watch it again!
　　　　B : Oh, that's good.

　　　　　　質問します。　　　What did Hannah do on the weekend?

No. 3　A : Can you help me cook dinner, John?
　　　　B : Sure, mom. What will we have for dinner today?
　　　　A : We will have salad, omelets, soup and bread. I'm cooking soup and I asked your father to buy bread for dinner.
　　　　B : OK. Then, I will make salad first. Next, I will cook omelets, too.
　　　　A : Thank you. You always make delicious dishes.
　　　　B : I want to be a cook in the future.

　　　　　　質問します。　　　What will John do first?

　これで(2)の問題を終わり，(3)の問題に移ります。

(3)の問題は，英語による対話を聞いて，答える問題です。それぞれの対話の最後の英文に対する受け答えとして，**ア〜ウ**から最も適当なものを1つ選び，その記号を書きなさい。対話は，No. 1, No. 2, No. 3, No. 4の4つです。対話は1回ずつ放送します。
　では，始めます。

No. 1	A : May I help you?
	B : Yes, I'm looking for a cap. I like this one, but it's a little small for me.
	A : OK. How about this bigger one?
No. 2	A : Good morning, Bob. Oh, what's wrong?
	B : I feel sick and I have a stomachache.
	A : Oh, no. When did the stomachache start?
No. 3	A : Hello, this is Harry. May I speak to Jack, please?
	B : Sorry, he isn't at home now. Any messages?
	A : No, thank you. What time will he come back?
No. 4	A : Nick, what are you doing?
	B : I'm drawing a picture with a computer.
	A : Wow, it's beautiful. How did you learn about drawing pictures with a computer?

これで(3)の問題を終わり，(4)の問題に移ります。

(4)の問題は，高校生の Emi とカナダからの留学生の Mark との英語による対話を聞いて，質問に答える問題です。それぞれの質問に対する答えとして，**ア〜エ**から最も適当なものを1つ選び，その記号を書きなさい。対話と質問は2回ずつ放送します。
　では，始めます。

Emi	: Mark, do you have any plans this weekend?
Mark	: Yes, I'm going to join the event to enjoy hiking in Midori Park this Sunday.
Emi	: Oh, I'm going to join it with my sister, Chika, too. Can you come with us?
Mark	: Sounds good. Thank you. Have you joined the event before?
Emi	: Yes. My mother and I join it every year. This year, she can't join it, but Chika will come with me. She will join it for the first time.
Mark	: Me, too. I want to find interesting flowers and trees in the park. Look. I took these pictures of flowers in my country.
Emi	: How beautiful! Do you know the names of these flowers?
Mark	: Yes. I learned them from books about flowers.
Emi	: Chika and I often read books about flowers, too. At the event, we want to find the flowers we saw in the books.
Mark	: How nice! Can you teach me the names of flowers in Japanese at the event?
Emi	: Sure. Then, can you teach us the names of flowers in English?
Mark	: Yes, of course. Where should we meet on Sunday?
Emi	: Let's meet at Yamanaka Station at 7:30. We can take the train that leaves the station at 7:40.
Mark	: OK. Can we get to the park before the event by that train?
Emi	: Don't worry. The train arrives at Midori Park Station at 8:10, and then it takes ten minutes to the park. So at the park, we'll still have ten minutes before the event starts.
Mark	: I see. I'm looking forward to the event.
	質問します。
	No. 1　Has Chika joined the event to enjoy hiking in Midori Park before?
	No. 2　What will Mark teach Emi and her sister?
	No. 3　What time will the event to enjoy hiking in Midori Park start?

実践問題 B

放送によるリスニングテスト

テスト1　4つの対話を聞いて，対話の内容に関するそれぞれの問いの答えとして最も
適切なものを，1〜4から1つずつ選び，記号で答えなさい。

No. 1　1　Science.

　　　　2　Music.

　　　　3　English.

　　　　4　Math.

No. 2　1　Her dog.

　　　　2　Her uncle's dog.

　　　　3　Her teacher's dog.

　　　　4　Her grandfather's dog.

No. 3　1　Two days.

　　　　2　Three days.

　　　　3　Four days.

　　　　4　Five days.

No. 4　1　January 1.

　　　　2　January 2.

　　　　3　December 1.

　　　　4　December 2.

テスト2　4つの対話を聞いて，それぞれの対話に続く受け答えとして最も適切なものを，
1〜4から1つずつ選び，記号で答えなさい。

No. 1　1　Nice to meet you, too.

　　　　2　Thank you very much.

　　　　3　Good morning, Kazuo.

　　　　4　You're welcome.

No. 2　1　Then do you have another color?

　　　　2　No. Do you want a large one?

　　　　3　That's really good for you and me.

　　　　4　Yes. I like shopping very much.

No. 3　1　Really? You have a lot of homework.

　　　　2　All right. I think I can finish it soon.

　　　　3　Sorry. I am eating dinner with my brother now.

　　　　4　OK. You want to go to that restaurant with me.

No. 4   1   Yes, I did so at the station.

2   No, I'm fine, thank you.

3   Well, you can take a bus there.

4   Then, the train was late again.

テスト3   中学生の Ken は，高校で英語の体験授業に参加している。次の【メモ】は，
Ken が ALT の Wilson 先生の話を聞きながら，授業のはじめに書いたものである。
今から，そのときの Wilson 先生の話を聞いて，その内容に合うように，下線部
(A)，(B)，(C)にはそれぞれ話の中で用いられた英語1語を，下線部(D)には場面にふさ
わしい4語以上の英語を書きなさい。

【メモ】

About today's class

1. We should not be ____(A)____ of speaking English.

2. We should talk with students from ____(B)____ junior high schools.

   We can make new ____(C)____.

After the class

   We will _____(D)_____. It's about the events at this school.

	No. 1	No. 2	No. 3	No. 4
テスト1				

	No. 1	No. 2	No. 3	No. 4
テスト2				

	(A)		(B)		(C)	
テスト3						
	(D)	We will _____.				

実践問題B　放送文

それでは，テスト1から始めます。テスト1の問題を読みなさい。
対話はNo. 1からNo. 4まで4つあり，それぞれの対話のあとに問いが続きます。なお，対話と問いは2回ずつくり返します。
それでは，問題に入ります。

No. 1　A: Alex, what's your favorite subject?
　　　　B: I like math very much. How about you, Sakura?
　　　　A: I like music. Singing songs is fun.
　　　　Question: What is Alex's favorite subject?　　　　　　　　　　　　（対話と問いをくり返す。）

No. 2　A: Hi, Haruka. You are walking a cute dog.
　　　　B: Thanks, Pat. But this dog is not mine. My uncle lives near my house, and sometimes I walk his dog.
　　　　A: Oh, I see.
　　　　Question: Whose dog is Haruka walking?　　　　　　　　　　　　　（対話と問いをくり返す。）

No. 3　A: Shota, you're a good tennis player! Do you often practice tennis?
　　　　B: Yes! I practice it on Monday, Tuesday, Thursday and Saturday every week.
　　　　A: Wow, you practice it well.
　　　　Question: How many days does Shota practice tennis every week?　　（対話と問いをくり返す。）

No. 4　A: When is your birthday, Yumi?
　　　　B: It's December 2. Could you tell me your birthday, Mr. Smith?
　　　　A: Well, my birthday is the first day of the year! So I can eat a birthday cake on New Year's Day!
　　　　Question: When is Mr. Smith's birthday?　　　　　　　　　　　　　（対話と問いをくり返す。）

次に，テスト2に移ります。テスト2の問題を読みなさい。
今から，対話を2回ずつくり返します。では，始めます。

No. 1　A: Kazuo, look at this chocolate cake. I made it yesterday.
　　　　B: Oh, it looks nice. Can I try it?
　　　　A: Yes. Here you are.　　　　　　　　　　　　　　　　　　　　　（対話をくり返す。）

No. 2　A: May I help you? Are you looking for a bag?
　　　　B: Yes, I like this bag, but do you have a brown one?
　　　　A: Sorry. We don't have that color right now.　　　　　　　　　　（対話をくり返す。）

No. 3　A: John, dinner is ready.
　　　　B: Can you wait for a few minutes, Mom? I want to finish my homework.
　　　　A: No problem. Please do it first. Then you can enjoy your dinner.　（対話をくり返す。）

No. 4　A: Excuse me. I'd like to go to the library. Can I go there by train?
　　　　B: Well, you can go there by train. But you have to walk for about 20 minutes from the station.
　　　　A: Oh, really? Are there any good ways to get there?　　　　　　（対話をくり返す。）

次に，テスト3に移ります。テスト3の問題と，問題の下にある【メモ】を読みなさい。
今から，Wilson先生の話を2回くり返します。では，始めます。

Hi, everyone. Welcome to our high school. I'm Mike Wilson. Today, you'll join our English class. Now, I'll tell you two important things for the class.
First, don't be afraid of speaking English. You don't have to speak perfect English. The most important thing is to enjoy the communication. Second, try to talk with a lot of students. Today, students around you come from other junior high schools. I know it's not easy to talk to them. But it's a good chance to make new friends.
After the class, I'll show you a short video. It's about the events like the school festival at this school. I hope you'll be interested in them. Now let's start the class!

くり返します。　　　　　　　　　　　　　　　　　　　　　　　　　　　（話をくり返す。）

実践問題C

「放送による聞き取りテスト」

問1　英語の質問を聞き、絵が示す内容に合う答えを選ぶ問題です。質問に対する答えとして最も適当なものを、続けて読まれるア〜ウの中から一つ選び、記号を書きなさい。

1番

2番

曜日	時間	ケンの今週の予定
日	9:00 a.m.	宿題
月	5:00 p.m.	図書館
火	6:00 p.m.	英語の塾
水	5:00 p.m.	図書館
木	5:00 p.m.	テニス
金	6:00 p.m.	買い物
土	10:00 a.m.	野球

問2　会話を聞いて答える問題です。会話のあとに続けて読まれる質問に対する答えとして最も適当なものを、ア〜ウの中から一つ選び、記号を書きなさい。

1番　ア　At a station.
　　　イ　At a gym.
　　　ウ　At a shop.

2番　ア　Science.
　　　イ　Math.
　　　ウ　English.

問3　会話を聞いて答える問題です。最後の発言に対する受け答えとして最も適当なものを、ア～エの中から一つ選び、記号を書きなさい。

1番　ア　That's too bad.
　　　イ　Yes, you can play baseball.
　　　ウ　I'm fine, thank you.
　　　エ　No, it isn't.

2番　ア　It is ¥540.
　　　イ　Yes, it is.
　　　ウ　About 20 minutes by train.
　　　エ　This train does.

3番　ア　No, thank you.
　　　イ　Yes, I want them to go.
　　　ウ　I don't have time to have lunch.
　　　エ　I don't like orange juice.

問4　留学生のピーター（Peter）と中学生の香代（Kayo）が会話をしている場面です。会話のあとに続けて読まれる三つの質問に対する答えとして最も適当なものを、ア～エの中から一つ選び、記号を書きなさい。

1番　ア　He gave his money to people.
　　　イ　He cleaned the park.
　　　ウ　He visited his friend.
　　　エ　He bought juice.

2番　ア　Cleaning parks.
　　　イ　Collecting bottles.
　　　ウ　Visiting old people.
　　　エ　Selling something.

3番　ア　They will go to the station.
　　　イ　They will sell something at a charity event.
　　　ウ　They will buy something to help people.
　　　エ　They will make juice.

問1	1番		2番			
問2	1番		2番			
問3	1番		2番		3番	
問4	1番		2番		3番	

実践問題 C 放送文

これから、放送による聞き取りテストを行います。問題は、それぞれ2回ずつ放送します。放送中にメモをとってもかまいません。

では、問1の問題を始めます。これは、英語の質問を聞き、絵が示す内容に合う答えを選ぶ問題です。質問に対する答えとして最も適当なものを、続けて読まれるア～ウの中から一つ選び、記号を書きなさい。では、始めます。

1番　What is the cat under the table doing?
　　ア　It's sleeping.　　　イ　It's eating fish.　　　ウ　It's running.
　　　　　　　　　　　　　　　　　　　　　　　　　　　　　　　　　　（約2秒おいて）繰り返します。（約5秒休止）

2番　When is Ken going to play tennis?
　　ア　He is going to do it on Monday at 10 o'clock in the morning.
　　イ　He is going to do it on Thursday at 5 o'clock in the afternoon.
　　ウ　He is going to do it on Sunday at 5 o'clock in the afternoon.
　　　　　　　　　　　　　　　　　　　　　　　　　　　　　　　　　　（約2秒おいて）繰り返します。（約5秒休止）
　　　[チャイムの音　一つ]

問2の問題に移ります。これは、会話を聞いて答える問題です。会話のあとに続けて読まれる質問に対する答えとして最も適当なものを、ア～ウの中から一つ選び、記号を書きなさい。では、始めます。

1番　*A :*　Hello. May I help you?
　　B :　Yes, I want to buy a watch.
　　A :　How about this? This new one is very popular.
　　B :　It looks good. I'll take it.
　　(Question)　*Where are they talking?*
　　　　　　　　　　　　　　　　　　　　　　　　　　　　　　　　　　（約2秒おいて）繰り返します。（約5秒休止）

2番　*Takuya :*　Do you like science, Naomi?
　　Naomi　:　No, I don't. My favorite subjects are math and English. How about you, Takuya?
　　Takuya :　I don't like math. I like science the best.
　　Naomi　:　Science is too difficult for me.
　　(Question)　*What is Takuya's favorite subject?*
　　　　　　　　　　　　　　　　　　　　　　　　　　　　　　　　　　（約2秒おいて）繰り返します。（約5秒休止）
　　　[チャイムの音　一つ]

問3の問題に移ります。これは、会話を聞いて答える問題です。最後の発言に対する受け答えとして最も適当なものを、ア～エの中から一つ選び、記号を書きなさい。では、始めます。

1番　*A :*　How will the weather be tomorrow?
　　B :　It will be rainy.
　　A :　Oh, no. I will have sports day tomorrow.
　　　　　　　　　　　　　　　　　　　　　　　　　　　　　　　　　　（約5秒おいて）繰り返します。（約5秒休止）

2番　*A :*　Excuse me, could you help me?
　　B :　Sure.
　　A :　Which train goes to Hakata station?
　　　　　　　　　　　　　　　　　　　　　　　　　　　　　　　　　　（約5秒おいて）繰り返します。（約5秒休止）

3番　*A :*　Good evening. What do you want today?
　　B :　A cheeseburger and an orange juice, please.
　　A :　Anything else?
　　　　　　　　　　　　　　　　　　　　　　　　　　　　　　　　　　（約5秒おいて）繰り返します。（約5秒休止）
　　　[チャイムの音　一つ]

問4の問題に移ります。留学生のピーター（*Peter*）と中学生の香代（*Kayo*）が会話をしている場面です。会話のあとに続けて読まれる三つの質問に対する答えとして最も適当なものを、ア～エの中から一つ選び、記号を書きなさい。では、始めます。

Kayo :　Hello, Peter. I heard you did volunteer work yesterday. What did you do?
Peter :　Hi, Kayo. Yes, I did. I cleaned the park near my house.
Kayo :　Was it the first time for you to do volunteer work?
Peter :　No, it wasn't. I did volunteer work many times in America.
Kayo :　What did you do in America?
Peter :　I usually sold something. It is very popular volunteer work.
Kayo :　Tell me more.
Peter :　It's a charity event. We sell juice to get money. We give the money to people who need it.
Kayo :　It sounds good. I want to do it. Shall we try it here in Saga?
Peter :　OK. What will we do then? How will we get money?
Kayo :　How about collecting things which people don't use? We will have a charity event next month. We can sell those things at the
　　　　charity event. We can get money and help people! I'll ask my family and my friends. They will help us.
Peter :　Yes, please.
　　（約5秒休止）

1番　What did Peter do yesterday?
　　（約7秒休止）

2番　What is the popular volunteer work in America?
　　（約7秒休止）

3番　What will they do next month?
　　　　　　　　　　　　　　　　　　　　　　　　　　　　　　　　　　　（約7秒おいて）繰り返します。（約7秒休止）

これで、放送による聞き取りテストを終わります。

解答例

4 (1)エ (2)ア
5 (1)ウ (2)イ
6 (1)ア (2)ウ

解説

4(1) 質問「メグはいつ自宅で宿題をするでしょうか？」…Aの2回目の発言, I will try it at home on Sunday「日曜日に自宅でやってみるわ」より, エ On Sunday.「日曜日に」が適当。

(2) 質問「ケイコはアップルパイを作るためにリンゴを何個買うでしょうか？」…Aの最後の発言, OK. Then, I will get one apple at the shop.「わかった。じゃあお店で1個買うね」より, ア One apple.「リンゴ1個」が適当。

5 【放送文の要約】参照。(1) 質問「初めてヒロシの車を見たとき, ジェシカはそれをどう思いましたか？」

(2) 質問「ヒロシの車の中にはどういった場所がありますか？」

【放送文の要約】

みなさん, こんにちは。私はジェシカ・ホワイトです。ミサの家に滞在しています。ミサのお父さんのヒロシさんは, よく私とミサを車で面白い場所に連れて行ってくれます。私はヒロシさんの車と私の父の車に, いくつか異なる点を見つけました。私の父の車はとても大きいです。私の家族はその車の中に4台の自転車を簡単に入れることができます。私の国にはたくさんの大きな通りがあるので, 私の父の車のような大きな車をよく見かけます。ですから, (1)ウ私が初めてヒロシさんの車を見た時, とても小さいのでびっくりしました！しかし今では, 小さい車の良い点もわかりました。例えば買い物に行くとき, 車を駐車するのにスペースを取りません。ですから, 街の小さなお店に出かけるのが容易です。また, (2)イ小さい車なのに, 食べたり飲んだりする物を置く便利な場所がたくさんあります。これは旅行する際に都合が良いです。ヒロシさんと父の車は異なりますが, それぞれの車には, それぞれの国において, 車での外出を楽しむための良い点があります。ご清聴ありがとうございました。

6(1) A「ここに来られて嬉しいです」→B「私もです。このお寺がとても気に入りました」→A「すごく古そうですね。いつ建てられたか知っていますか？」の流れより, ア「はい, およそ築400年です」が適当。~ years old「~歳／築~年」は人以外にも使う表現。

(2) A「すみません。このバッグが気に入ったのですが, 別の色を見せてもらえますか？」→B「かしこまりました。他に白, 黒, オレンジの3色ございます。どの色がお好きですか？」→A「オレンジが一番良さそうです。私のシャツに合いそうです。おいくらですか？」の流れより, ウ「20ドルです」が適当。

解答例

3	(1)イ	(2)ウ	
4	(1)ア	(2)エ	
5	(1)イ	(2)ア	

解説

3(1) 質問「エマはいつ自転車を手にいれましたか？」
…B（エマ）の２回目の発言，I got it <u>last month</u>.より，
（イ）「先月」が適当。

(2) 質問「メグは何を買いますか？」…A（メグの母）
の１回目の発言「スパゲッティがいいなら，<u>トマト</u>を
買って来てほしい」とB（メグ）の２回目の発言「食
後の<u>コーヒー</u>が必要だわ」より，（ウ）「トマトとコー
ヒー」が適当。

4 【日本語訳】参照。

(1) 質問「彼女たちの学校には球技の部活がいくつ
ありますか？」

(2) 質問「アリスはなぜバレーボール部に入部する
ことにしたのですか？」

【日本語訳】

アリス：春子，もう部活は決めた？

春子　：アリス，ええ，決めたわ。科学部に入るの。
　　　　あなたは決めたの？

アリス：まだなの。

春子　：私たちの学校には部活が 15 あるわ。どんな種
　　　　類の部活に入りたいの？

アリス：私はバレーボール，バスケットボール，テニ
　　　　スのようなスポーツをしたいの。でも水泳や
　　　　柔道はいやよ。

春子　：球技がいいのね？

アリス：そうよ！

春子　：(1)(ア) <u>その種類のスポーツ（＝球技の部活）は
　　　　５つあるわ</u>。テニス部はどう？部員がとて
　　　　も親切だって聞いたわ。火曜日と金曜日に練
　　　　習しているわよ。

アリス：母が以前使っていたラケットを持っているか
　　　　ら，ラケットは買う必要がないわね。でも毎
　　　　週火曜日は行けないの。家族の夕飯を作らな
　　　　ければいけないから。

春子　：(2)(エ) <u>じゃあ，バレーボール部は？</u>練習日は月

曜日，木曜日，金曜日よ。

アリス：(2)(エ) <u>それなら問題ないわ。小学生の時，兄と
　　　　よくバレーボールをしたわ。とっても楽しか
　　　　ったから，やってみたい！バレー部に入るこ
　　　　とに決めたわ！</u>

春子　：部員は 20 人でとても強いらしいわよ。

アリス：わかったわ。がんばるわ。

5(1)　A「見てごらん！まだ雨が降っているよ」→B
　　「ええ，困るね！傘を持っている？」→A「持って
　　ない。家に置いてきたよ。あなたは？」に続くのは，
　　（イ）「２本持っているよ。その１本を使ってもいい
　　よ」が適当。

(2)　A「クミ，何を探しているの？」→B「えっと，
　　<ruby>易<rt>やさ</rt></ruby>しい英語で書かれた本なんだけど。英語を勉強す
　　るために買いたいの」→A「おお！適当なのが見つ
　　けられると思うよ。見てごらん，その手の本がここ
　　にたくさんあるよ」に続くのは，（ア）「それは良か
　　ったわ。そのうちの１冊を買うことにするわ」が適
　　当。

≡≡≡≡≡≡≡ **実践問題A** ≡≡≡≡≡≡≡

解答例

(1)ア　(2)No.1. イ　No.2. エ　No.3. ウ
(3)No.1. ウ　No.2. ア　No.3. イ　No.4. ウ
(4)No.1. イ　No.2. エ　No.3. エ

解説

(1)　質問「この前の水曜日にバスケットボールを練習したのは誰ですか?」…表から,アが適当。

(2)No.1　質問「マイクは昨日の晩にハンバーガーを食べましたか?」…A「こんにちは,マイク。お腹が空いたね。昼食を食べない?」→B「いいよ,ユミ。僕もお腹が空いたよ」→A「この近所にレストランが2つあるの。あなたはハンバーガーとカレーのどちらが食べたい?」→B「そうだね…。昨日の晩,カレーを食べたんだ。だから昼食はハンバーガーが食べたいな」より,イ「いいえ,食べませんでした」が適当。　No.2　質問「ハンナは週末に何をしましたか?」…A「こんにちは,ポール。週末はどうだった?」→B「良かったよ!姉(妹)と山に登ったんだ。ハンナ,君は?」→A「私は友達と映画を見て楽しんだの。ストーリーがとても素敵だった。もう一度,見たいな!」→B「おお,それは良かったね」より,エ「彼女は友達と映画を見ました」が適当。　No.3　質問「ジョンは最初に何をしますか?」…A「ジョン,夕食を作るのを手伝ってくれない?」→B「いいよ,ママ。今日は何にするの?」→A「サラダとオムレツ,スープにパンよ。私はスープを作っているところよ。お父さんには夕食のパンを買ってくるように頼んだわ」→B「OK。じゃあ,僕は最初にサラダを作るよ。次にオムレツも作るね」→A「ありがとう。あなたはいつもおいしい料理を作るわね」→B「僕は将来,コックになりたいんだ」より,ウ「彼はサラダを作ります」が適当。

(3)　No.1　A「何かお探しでしょうか?」→B「はい,帽子を探しています。この帽子が気に入ったのですが,私には少し小さいです」→A「わかりました。こちらの大きめの帽子はいかがですか?」に続くのは,ウ「ぴったりです」が適当。　No.2　A「おはよう,ボブ。まあ,どうしたの?」→B「気分が悪くてお腹も痛いんだ」→A「それは大変。腹痛はいつ始まったの?」に続くのは,ア「今朝からだよ」が適当。　No.3　A「こんにちは。ハリーです。ジャックをお願いしたいのですが」→B「残念ですが,彼は今,家にいません。何か伝言はありますか?」→A「いいえ,結構です。彼は何時に帰宅しますか?」に続くのは,ウ「夜7時頃です」が適当。　No.4　A「ニック,何をしているの?」→B「コンピュータで絵を描いているんだ」→A「わあ,きれい!コン

ピュータで絵を描くことをどうやって習得したの?」に続くのは,ウ「兄が教えてくれたんだ」が適当。

(4)　【放送文の要約】参照。
　No.1　質問「チカは以前,ミドリ公園でハイキングを楽しむイベントに参加したことがありますか?」…エミの3回目の発言より,イ「彼女は参加したことがない」が適当。　No.2　質問「マークはエミと姉(妹)に何を教えますか?」…エミの6回目の発言より,エ「花の英語の名前」が適当。　No.3　質問「ミドリ公園でハイキングを楽しむイベントは何時に始まりますか?」…エミの最後の発言より,エ「8時30分」が適当。イベントが始まる時間は,　8時10分　+　10分　+ 10分　=8時30分。

電車が駅に着く時間　　公園までの時間
イベントが始まるまでの時間

【放送文の要約】

エミ　：マーク,今度の週末に何か予定がある?

マーク：うん,今度の日曜日にミドリ公園でハイキングを楽しむイベントに参加する予定なんだ。

エミ　：あら,私も姉(妹)のチカとそれに参加する予定なの。一緒に行かない?

マーク：いいね。ありがとう。以前,そのイベントに参加したことはあるの?

エミ　：ええ。母と私は毎年参加するの。今年は母が参加できないけど,チカが一緒に来てくれるの。No.1ィチカは初参加よ。

マーク：僕も初参加だよ。僕は公園で興味深い花や木を見つけたいんだ。ほら見て。僕は母国でこれらの花の写真を撮ったんだよ。

エミ　：何てきれいなの!あなたはこれらの花の名前を知っているの?

マーク：うん。花に関する本から知ったよ。

エミ　：チカと私も花に関する本をよく読むのよ。イベントで,本で見た花を見つけたいと思っているの。

マーク：すてきだね!イベントで,僕に花の和名(日本語の名前)を教えてくれる?

エミ　：いいわ。じゃあ,No.2ェ私たちに花の英語の名前を教えてくれる?

マーク：No.2ェうん,もちろん。日曜日にどこで待ち合わせようか?

エミ　：7時30分にヤマナカ駅で待ち合わせましょう。7時40分発の電車に乗れるわ。

マーク：OK。その電車でイベントの前に公園に到着することができるの?

エミ　：大丈夫。No.3ェその電車は8時10分にミドリ公園駅に着いて,それに公園まで10分くらいよ。だから公園で,イベントが始まるまでまだ10分もあるわ。

マーク：なるほど。イベントが楽しみだな。

解答例

テスト1．No. 1…4　No. 2…2　No. 3…3
　　　　No. 4…1

テスト2．No. 1…2　No. 2…1　No. 3…2
　　　　No. 4…3

テスト3．(A)afraid　(B)other　(C)friends
　　　　(D)watch a short video

解説

テスト1

No. 1　質問「アレックスの好きな教科は何ですか？」
…B（アレックス）の発言「僕は数学がとても好きだ
よ」より，4「数学」が適切。

No. 2　質問「ハルカが散歩している犬は誰のもので
すか？」…B（ハルカ）の発言「私の叔父は近所に住
んでいて，時々私が叔父の犬を散歩するの」より，
2「彼女の叔父の犬」が適切。

No. 3　質問「ショウタは週に何日テニスを練習しま
すか？」…B（ショウタ）の発言「毎週月曜日，火曜
日，木曜日，土曜日にそれを練習するよ」より，3
「4日間」が適切。

No. 4　質問「スミスさんの誕生日はいつですか？」
…A（スミスさん）の2回目の発言「私の誕生日は1
年の最初の日だよ！」より，1「1月1日」が適切。

テスト2　No. 1　A「カズオ，このチョコレートケー

キを見てよ。私が昨日作ったのよ」→B「おお，す
ばらしい。食べてもいい？」→A「いいわよ。どう
ぞ」→B「ありがとう」より，2が適切。

No. 2　A「いらっしゃいませ。かばんをお探しです
か？」→B「はい，このかばんが気に入りました。
でも茶色はありますか？」→A「すみません。その
色は現在在庫がありません」→B「それじゃあ，別
の色はありますか？」より，1が適切。

No. 3　A「ジョン，夕食の準備ができたわ」→B
「お母さん，少し待ってくれない？宿題を終わらせ
たいんだ」→A「いいわよ。まずそれをやって。それ
から夕食を楽しめるわ」→B「わかった。すぐ終わる
と思う」より2が適切。

No. 4　A「すみません，図書館へ行きたいんですが，
電車でそこに行けますか？」→B「うーん，電車で

もそこへ行けますが，駅から約20分歩かなければな
りません」→A「おお，本当ですか？そこに行く何
かいい方法はありますか？」→B「ええと，あなた
はバスでそこへ行けますよ」より，3が適切。

テスト3　【日本語訳】参照。放送が始まる前に英文に
目を通しておけば，答えを出しやすくなる。
（D）　ウィルソン先生の発言 I'll show you a short video.
の内容を，ケンが主語の文に書きかえる。

【日本語訳】

　みなさんこんにちは。私たちの高校へようこそ。マイ
ク・ウィルソンです。今日は，英語の授業に参加し
ます。それでは，授業で重要な2つのことをお話しし
ます。

　まず，英語を話すこと (A) を恐れない (＝don't be
afraid of)でください。みなさんは完璧な英語を話す必
要はありません。最も重要なことは，コミュニケーシ
ョンを楽しむことです。次に，たくさんの学生と話を
してみてください。今日，みなさんの周りの生徒は
(B)他の(＝other)中学校から来ています。彼らと話す
のは簡単ではないことを私はわかっています。でも，
それは新しい (C)友達(＝friends) を作る良い機会です。

　授業終了後，(D)みなさんに短いビデオを見せます。
この学校の文化祭のようなイベントについてのもので
す。興味を持ってくれればうれしいです。では，授業
を始めましょう！

解答例

問1．1番…ア　2番…イ

問2．1番…ウ　2番…ア

問3．1番…ア　2番…エ　3番…ア

問4．1番…イ　2番…エ　3番…イ

解説

問1　1番　質問「テーブルの下にいるネコは何をしていますか？」…ア「眠っています」が適当。

　2番　質問「ケンはいつテニスをするでしょうか？」…イ「彼は木曜日の午後5時にそれをします」が適当。

問2　1番　質問「彼らはどこで話していますか？」…A「こんにちは。お手伝いしましょうか？」→B「はい。時計を買いたいです」→A「こちらはいかがですか？この新作はとても人気があります」→B「素敵ですね。それにします」より，店員と客の会話だから，ウが適当。　　2番　質問「タクヤの好きな教科は何ですか？」…タクヤ「ナオミ，理科は好き？」→ナオミ「いいえ，好きじゃないわ。私の好きな科目は数学と英語よ。あなたは，タクヤ？」→タクヤ「数学は好きじゃないよ。理科が1番好きだよ」→ナオミ「理科は私には難しすぎるわ」より，アが適当。

問3　1番　A「明日の天気はどうかしら？」→B「雨だよ」→A「そんなぁ。明日は運動会なの」の流れだから，ア「残念だね」が適当。　　2番　A「すみません，助けていただけますか？」→B「はい」→A「どの電車が博多駅に行きますか？」の流れだから，エ「この電車です」が適当。　　3番　A「こんばんは。今日は何になさいますか？」→B「チーズバーガーとオレンジジュースをお願いします」→A「他にはいかがですか？」の流れだから，ア「いいえ，結構です」が適当。

問4　【放送文の要約】参照。

　1番　質問「ピーターは昨日何をしましたか？」

　2番　質問「アメリカで一般的なボランティア活動とは何ですか？」　　3番　質問「彼らは来月何をするでしょうか？」

【放送文の要約】

香代　　：こんにちは，ピーター。1番ィ昨日はボランティア活動をしたんですってね。何をしたの？

ピーター：やぁ，香代。うん，そうなんだ。1番ィ家の近所の公園を清掃したよ。

香代　　：ボランティア活動をしたのは初めて？

ピーター：いや，違うよ。アメリカでは何回もボランティア活動をしたよ。

香代　　：アメリカでは何をしたの？

ピーター：2番ェだいたいいつも品物を売っていたよ。これはとても人気のボランティア活動だよ。

香代　　：もっと教えて。

ピーター：チャリティイベントだよ。お金を集めるためにジュースを売るんだよ。お金は必要としている人たちに寄付するんだ。

香代　　：いいわね。私もそれをやってみたいわ。佐賀でやってみましょうか？

ピーター：うん。じゃあ，何をしようか？どうやってお金を集めようか？

香代　　：3番ィ人々が使わなくなった品物を集めるのはどう？来月チャリティイベントがあるの。それらの品物をチャリティイベントで売ることができるわ。お金を集めて人助けができるわ！家族や友達に頼んでみるね。力になってくれると思うわ。

ピーター：うん，そうして。

高校入試対策

英語リスニング
練習問題

解　答　集

contents

※問題は別冊です

入試本番に向けて

入試本番までにしておくこと

入試本番までに志望校の過去問を使って出題パターンを把握しておこう。英語リスニング問題は学校ごとに出題傾向があります。受験する学校の出題パターンに慣れておくことが重要です。

リスニング開始直前のチェックポイント

音声が流れるまでに問題文全体にざっと目を通そう。それぞれの問題で話題となる場面や登場人物をチェックしておこう。

✅ イラストを check！

英語リスニング問題ではイラストやグラフが使われることが多くあります。イラストなら**共通点と相違点を見つけて**，放送される事がらを予想しておこう。グラフなら**たて軸とよこ軸が何を表しているか**を見ておこう。

✅ 選択肢を check！

英文を選ぶ問題では，選択肢の登場人物，場所，日時などを事前に見つけ出して○やアンダーラインなどの"しるし"をつけておこう。また，選択肢の共通点と相違点を見つけて質問を予想しておこう。

✅ 数字表現を check！

英語リスニング問題で必ず出題されるのが数字表現です。問題に数を表したイラストや時間を表す単語などがあるときは，数字を意識して解く問題だと予想しておこう。あらかじめ，問題文の英単語を数字に置きかえてメモしておく（fifteen → 15）とよい。

リスニング本番中の心構え

✅ メモにとらわれない！

英語リスニング問題ではほとんどの場合，「放送中にメモを取ってもかまいません。」という案内があります。特に，長文を聴き取らなくてはならないときはメモは不可欠です。ただし，メモを取るときに注意すべきことがあります。それは，**メモを取ることに集中しすぎて音声を聴き逃さない**ことです。○やアンダーラインなど自分がわかる"しるし"をうまく活用して，「聴く」ことから気をそらさないようにしよう。

✅ 2回目は聴き方を変える！

放送文が1回しか読まれない入試問題もありますが，多くの場合は質問も含めて2回繰り返して読まれます。2回繰り返して読まれるときは，1回目と2回目で聴き方を変えます。1回目は状況や場面を意識し，（質問が先に放送される場合は，）2回目は質問に合う答えを出すことを意識しよう。1回目で答えがわかったときは，2回目は聴き違いがないか消去法を使って確実に聴き取ろう。

この解答集の特長と使い方

問題を解き終えたら，基本問題集（別冊）P1 〜 P2 の手順で答え合わせと復習をしよう。
解答集の左側のページにある QR コードを読み取ると，そのページの**さらに詳しい解説**を見ることができます。

解答は各大問の最初にあります。

🔊 放送文
放送文を見ながら，音声を聴こう。繰り返すうちに，聴く力が身に付きます。

基本問題集のポイントのおさらいや，大問ごとのアドバイスです。

CD のトラックナンバーです。

答えにつながる キーワード です。

答えにつながる キーセンテンスです。

実際の英語リスニング入試問題でよく出る「**覚えたい表現**」に★が付いています。入試までに覚えよう。

見開きページの同じ位置に 🔊放送文 とそれに対応する 日本語訳 があるので，**単語や表現を1つずつ照らし合わせながら復習ができます**。

問題を解くときのコツや，問題集の 📝メモ の空欄の内容を解説しています。正解した問題でもひと通り読んでおこう。

📍 覚えたい表現
Memory work
まとめ （P37 〜 38）

「覚えたい表現」をおさらいしておこう。
このページの QR コードを読み取ると，グループ分けした「覚えたい表現」を見ることができます。

🔊 聞き違いをしやすい表現
Easy to mistake （P39）

「聞き違いをしやすい表現」を知っておこう。
このページの音声はＣＤや教英出版ウェブサイトで聴くことができます。

もっと **リスニング力** をつけるには

🔊 音声に合わせてシャドーイング（発音）してみよう！

正しい発音ができるようになると聴く力もぐんと上がります。まずは自分のペースで放送文を声に出して読んでみよう。次に音声に合わせて発音していこう。最初は聴こえたまま声に出し，慣れてきたら正しい発音を意識しよう。繰り返すうちに，おのずと正しい発音を聴き取る耳が鍛えられます。

🔊 音声を聴きながらディクテーション（書き取り）してみよう！

聴こえた英文を書き取る練習をしよう。何度も聴いて文が完成するまでトライしよう。聴き取れなかった単語や文がはっきりするので，弱点の克服につながります。また，英語を書く力も鍛えられます。

第1章　　　　　絵・グラフ

基本問題A

解答　No.1　イ　　No.2　ア　　No.3　エ

放送文　

No.1　⊕：★What do you want to do in the future?

　　　⊕：I want to help sick people at a hospital .

　　　Question：What kind of job does the boy want to do in the future?

No.2　⊕：Mom, I'm going to play baseball in the park.

　　　　　I'll go there ★by bike.

　　　⊕：Taro, you need this on your head when you ride your bike.

　　　⊕：Thank you.

　　　Question：What does Taro need on his head?

No.3　⊕：Ken, I want eggs , two oranges and three apples .

　　　　　★Can you go to the store to buy them?

　　　⊕：OK, Mom. ★Can I buy juice , too?

　　　⊕：Yes, you can.

　　　Question：What will Ken buy?

覚えたい表現
Memory work

★What do you want to do in the future?
「あなたは将来何をしたいですか？」

★by bike
「自転車で」

★Can you ～?
「～してくれませんか？」
★Can I ～?
「～してもいいですか？」

基本問題B

解答　No.1　ア　　No.2　イ　　No.3　ア　　No.4　イ

放送文　

No.1　A man is ★looking at a clock on the wall .

　　　Question：Which person is the man?

No.2　It was snowing this morning, so I couldn't go to school by bike. I ★had to walk.

　　　Question：How did the boy go to school this morning?

覚えたい表現
Memory work

★look at ～
「～を見る」

★have to ～
「～しなければならない」

最初に４つの絵を見ておけば，No.1は職業，No.2は場所やものに関すること，No.3は食品の種類と数についての話だと予想できるね。

日本語訳

No.1　（女）：あなたは将来何をしたいの？

　　　　（男）：僕は 病院 で 病気の 人を助けたいよ。

　　Question：少年が将来やりたい仕事は何ですか？

No.2　（男）：お母さん，僕は公園で野球をする予定だよ。

　　　　　　　自転車でそこへ行くよ。

　　　　（女）：タロウ，自転車に乗るなら，頭部にはこれが必要よ。

　　　　（男）：ありがとう。

　　Question：タロウは頭部に何が必要ですか？

No.3　（女）：ケン，私は 卵 , みかん２個 , りんご３個 がほしいわ。

　　　　　　　それらを買うためにお店に行ってもらえる？

　　　　（男）：いいよ，お母さん。 ジュース も買っていい？

　　　　（女）：いいわよ。

　　Question：ケンは何を買うでしょうか？

４つの絵を見比べて，メモする内容を予想できたかな？ No.1は男性がしていること，No.2は天気と移動手段，No.3は少年の体調，No.4は時刻だね。

日本語訳

No.1　　男性が 壁 の 時計 を見ています。

　　Question：その男性はどの人ですか？

No.2　　今朝は 雪が降って いたので，私は学校に自転車で行けませんでした。私は歩かなければなりませんでした。

　　Question：その少年は今朝，どうやって学校へ行きましたか？

No.3 (女)：★What's the matter?

(男)：Well, <u>I've had a stomachache since this morning</u>. <u>I didn't have it ★last night</u>.

(女)：That's too bad. Are you all right?

Question：When did the boy have a stomachache?

★What's the matter?「どうしたの？」
★last night「昨夜」

No.4 (女)：Good morning, Kanta. Did you sleep well last night?

(男)：Yes, Judy. I ★went to bed at eleven last night and ★got up at $\boxed{\text{seven this morning}}$.

(女)：Good. I could only sleep ★for six hours.

Question：What time did Kanta get up $\boxed{\text{this morning}}$?

★go to bed「寝る」
★get up「起きる」
★for ～（期間を表す言葉）「～の間」

練習問題A

解答　No.1 ア　　No.2 エ　　No.3 ア　　No.4 ウ

 放送文　

No.1 (女)：Ah, I hope it will ★stop raining soon.

(男)：It was sunny yesterday.

(女)：Yes. But the TV says we will have snow this afternoon.

(男)：Really? ★How about $\boxed{\text{tomorrow}}$?

(女)：<u>It will be cloudy</u>.

Question：How will the weather be $\boxed{\text{tomorrow}}$?

★stop ～ ing「～することをやめる」

★How about ～?「～はどうですか？」

No.2 (男)：★Thank you for giving me a birthday present, Mary. I like the bag very much.

(女)：I'm happy you like it, Kenta. Oh, you're wearing a nice T-shirt today.

(男)：This is a birthday present from my sister. And my mother made a birthday cake ★for me.

(女)：Great. <u>But you wanted a computer, right?</u>

(男)：Yes, I got one from my $\boxed{\text{father}}$!

Question：What did Kenta get from his $\boxed{\text{father}}$?

★Thank you for ～ ing.「～してくれてありがとう」

★for ～（対象を表す言葉）「～のために」

No.3　㊛：どうしたの？

　　　　㊚：うーん，今朝からずっとお腹が痛いんです。

　　　　　　昨夜は痛くなかったのですが。

　　　　㊛：それは大変ね。大丈夫？

　Question：少年はいつお腹が痛かったですか？

No.4　㊛：おはよう，カンタ。昨夜はよく眠れた？

　　　　㊚：うん，ジュディ。昨夜は11時に寝て，今朝は7時に起きたよ。

　　　　㊛：いいね。私は6時間しか眠れなかったわ。

　Question：カンタは今朝何時に起きましたか？

 No.1は天気，No.2は誕生日プレゼント，No.3は時刻，No.4はクラスのアンケート結果について メモしよう。No.3は計算が必要だね。

日本語訳

No.1　㊛：ああ，すぐに雨が止んでほしいわ。

　　　　㊚：昨日は晴れていたのに。

　　　　㊛：ええ。でもテレビによると，今日の午後は雪らしいわ。

　　　　㊚：本当に？ 明日はどう？

　　　　㊛：くもりらしいわ。

　Question：明日の天気はどうですか？

No.2　㊚：誕生日プレゼントをありがとう，メアリー。

　　　　　　バッグをとても気に入ったよ。

　　　　㊛：気に入ってくれてよかったわ，ケンタ。

　　　　　　あら，今日は素敵なTシャツを着ているわね。

　　　　㊚：これは姉(妹)からの誕生日プレゼントなんだ。

　　　　　　母も僕のために誕生日ケーキを作ってくれたんだ。

　　　　㊛：すてき。でもあなたはパソコンがほしかったんでしょ？

　　　　㊚：そうだよ，父からもらったよ！

　Question：ケンタは父から何をもらいましたか？

No.3　(女)：The movie will start at 11:00.

　　　　　　★What time shall we meet tomorrow, Daiki?

　　　　(男)：How about meeting at the station at 10:30, Nancy?

　　　　(女)：Well, I want to go to a bookstore with you before the movie starts. Can we meet earlier?

　　　　(男)：All right. Let's meet at the station fifty minutes before the movie starts.

　　　　(女)：OK. See you tomorrow!

　　Question：What time will Daiki and Nancy meet at the station?

★What time shall we meet?
「何時に待ち合わせようか？」

No.4　(女)：Tsubasa, look at this!

　　　　　　We can see the most popular sports in each class.

　　　　(男)：Soccer is ★the most popular in my class, Mary.

　　　　(女)：Soccer is popular in my class, too.
　　　　　　But volleyball is more popular.

　　　　(男)：I see. And many of my classmates want to play softball.
　　　　　　I want to try it, too!

　　　　(女)：Really? ★No students in my class want to play softball.

　　Question：Which is Mary's class?

★the＋最上級＋in
＋○○
「○○の中で最も…」

★no＋人
「(人)が1人もいない」

練習問題B

解答　No.1　ア　　No.2　ウ　　No.3　ア　　No.4　ウ

No.1　(女)：Kota, what a nice room!

　　　　(男)：Thank you! Do you know what this is, Judy?

　　　　(女)：No. ★I've never seen it before. Is it a table?

　　　　(男)：Yes, but this is not just a table.
　　　　　　This also ★keeps us warm in winter.

　　Question：What are they talking about?

★I've never ～ .
「私は一度も～したことがない」

★keep＋人／もの
＋状態「(人／もの)を(状態)に保つ」

No.3　　女：映画は11時に始まるわ。

明日は何時に待ち合わせようか，ダイキ？

男：10時半に駅で待ち合わせるのはどう，ナンシー？

女：そうねぇ，私は映画が始まる前にあなたと書店に行きたいわ。

もっと早く待ち合わせできる？

男：いいよ。映画が始まる50分前に駅で会おう。

女：わかったわ。また明日ね！

Question：ダイキとナンシーは何時に駅で待ち合わせますか？

解説
Explanation

11時に映画が始まる。その50分前に待ち合わせるから，**ア**の「10時10分」だね。fifty「50」は前にアクセント，fifteen「15」は後ろにアクセントがあるよ。

No.4　　女：ツバサ，これを見て！

それぞれのクラスで1番人気のあるスポーツがわかるわ。

男：僕のクラスではサッカーが1番人気だね，メアリー。

女：サッカーは私のクラスでも人気よ。

でも，バレーボールの方がもっと人気だわ。

男：そうだね。それから，僕のクラスメートの多くはソフトボールをやりたいようだよ。僕もやってみたいな！

女：本当？私のクラスではソフトボールをやりたい生徒はいないわ。

Question：メアリーのクラスはどれですか？

ツバサのクラス：
サッカーが1位
ソフトボールが人気

メアリーのクラス：
サッカーよりバレーボールが人気
ソフトボールが0人

 グラフの問題の音声を聞くときは，1番多い(少ない)もの，増加，減少などをメモしよう。
消去法も有効だよ。

日本語訳

No.1　　女：コウタ，何て素敵な部屋なの！

男：ありがとう！これは何か知ってる，ジュディ？

女：いいえ。一度も見たことがないわ。テーブルかしら？

男：そうだよ，でもこれはただのテーブルではないんだ。

これは冬に僕らを温めてもくれるんだ。

Question：彼らは何について話していますか？

解説
Explanation

ただのテーブルではなく，温めてくれるもの→「こたつ」だね。

No.2　(男)：Kate, this is a picture of our music band.

We played some songs at the *school festival this year.

It was a wonderful time for us!

(女)：You *look excited, Hiroshi.

Who is the student playing the guitar *next to you?

(男)：He is Ryosuke. He plays the guitar well, and the other student playing the guitar is Taro.

(女)：I see. The student playing the drums is Takuya, right?

*I hear he *is good at singing, too.

Question：Which boy is Hiroshi?

★school festival
「学園祭」
★look 〜
「〜のように見える」
★next to 〜
「〜のとなりに」

★I hear (that) 〜.
「〜だそうだ」
★be good at 〜 ing
「〜することが得意だ」

No.3　It was interesting to know what activity you enjoyed the best in my English class.

I *was glad to know that *over ten students chose *making speeches. Eight students chose reading stories, and *the same number of students chose writing diaries.

Maybe you can guess the most popular activity among you. It was listening to English songs.

I hope you will *keep enjoying English.

Question：Which graph is the speaker explaining?

★be glad to 〜
「〜してうれしい」
★over 〜「〜以上」
★make a speech
「スピーチをする」
★the number of 〜
「〜の数」

★keep 〜 ing
「〜し続ける」

No.4　Look at the graph.

This is a graph of the number of visitors to the art museum which was built in 2014 in our city.

The number kept *going up until 2016.

But the next year, it *went down 20%.

The numbers in 2017 and 2018 were the same.

Question：Which graph is the speaker explaining?

★go up「増加する」

★go down
「減少する」

No.2　(男)：ケイト，これは僕らの音楽バンドの写真だよ。

　　　　僕らは今年学園祭で何曲か演奏したんだ。

　　　　僕らにとってすばらしい時間だったよ！

　　　(女)：興奮しているようね，ヒロシ。

　　　　あなたのとなりでギターを弾いているのは誰？

　　　(男)：彼はリョウスケだよ。彼はギターが上手なんだ，そしてもう1人，ギターを弾いているのがタロウだよ。

　　　(女)：そうなの。ドラムをたたいているのはタクヤね？

　　　　彼は歌も上手だそうね。

　　Question：どの少年がヒロシですか？

No.3　私の英語の授業の中で，みなさんが何の活動を一番楽しんだかがわかって興味深かったです。

　　　私は，10人以上の生徒がスピーチをすることを選んでくれたと知って，うれしく思いました。8人の生徒が物語を読むことを選び，同じ人数の生徒が日記を書くことを選びました。

　　　みなさんのあいだで一番人気があったものはたぶん想像がつくと思います。

　　　英語の歌を聞くことでした。

　　　これからもずっと英語を楽しんでほしいです。

　　Question：話し手が説明しているのはどのグラフですか？

No.4　グラフを見て下さい。

　　　これは，2014年に私たちの市に建てられた美術館の，来場者数のグラフです。

　　　その数は2016年まで増加し続けました。

　　　しかし，次の年に20％減少しました。

　　　2017年と2018年は同数でした。

　　Question：話し手が説明しているのはどのグラフですか？

解 説
Explanation

ギター：
リョウスケとタロウ
ドラム：タクヤ
ヒロシはリョウスケのとなりにいる**ウ**だね。

音声を聞く前にグラフの項目名を見ておこう。
スピーチ：10人以上
物語：8人
日記：物語と同じ人数
英語の歌：最も人気

これらの情報から**ア**を選べるね。

増減に着目しよう。
「2016年まで増加」
「2017年と2018年は同数」より，**ウ**だね。

第2章　　　次の一言

基本問題

解答　No.1　イ　　No.2　ウ　　No.3　イ　　No.4　ア

◀))) 放送文　◎5

No.1

女：★Have you ever been to a foreign country?

男：Yes. I went to Australia last year.

女：Oh, I see. How long did you stay there?

| ア　By plane.　(イ)　**For six days.**　ウ　With my family. |

★Have you ever been to ～?
「～に行ったことがありますか?」

No.2

女：★May I help you?

男：Yes, I'm ★looking for a blue jacket.

女：How about this one?

| ア　Here you are.　イ　I'm just looking.　(ウ)　**It's too expensive for me.** |

★May I help you?
「お手伝いしましょうか?／いらっしゃいませ」
★look for ～
「～を探す」

No.3

女：★What are you going to do this weekend?

男：I'm going to ★go fishing in the sea with my father if it's sunny.

女：Really? That will be fun.

| ア　Sorry, I'm busy.　(イ)　**I hope the weather will be nice.**
ウ　Nice to meet you. |

★What are you going to do?
「何をするつもりですか?」
★go fishing
「釣りに行く」

No.4

女：Hello.

男：Hello, this is Mike. ★May I speak to Yoko?

女：I'm sorry. She isn't at home now.

| (ア)　**OK. I'll call again later.**　イ　Shall I take a message?
ウ　Hello, Yoko. How are you? |

★May I speak to ～?
「(電話で)～さんをお願いできますか?」

最後の英文をメモできたかな。質問ならばそれに合う答えを選び，質問でなければ，話の流れから考えよう。消去法も有効だよ。

日本語訳

解 説
Explanation

No.1 　(女)：外国に行ったことはある？

　　　　(男)：うん。去年，オーストラリアに行ったよ。

　　　　(女)：あら，そうなの。そこにはどれくらい滞在したの？

| ア　飛行機だよ。 | イ　6日間だよ。 | ウ　家族と一緒にだよ。 |

最後の英文
How long ～？
「(期間をきいて)どれくらい～？」より，
返答はFor ～．
「～間です」だね。

No.2 　(女)：お手伝いしましょうか？

　　　　(男)：はい，青いジャケットを探しています。

　　　　(女)：こちらはいかがですか？

| ア　はい，どうぞ。 | イ　見ているだけです。 | ウ　私には値段が高すぎます。 |

最後の英文
How about this one?
「こちらはいかがですか？」より，返答はウだね。

No.3 　(女)：この週末は何をするつもりなの？

　　　　(男)：晴れたら，父と海に釣りに行くつもりだよ。

　　　　(女)：本当に？それは楽しそうね。

| ア　ごめん，僕は忙しいんだ。 | イ　天気が良いことを願うよ。 |
| ウ　会えてうれしいよ。 | |

最後の英文が質問ではない。その前に「晴れたら…」と言っているので，話の流れからイだね。

No.4 　(女)：もしもし。

　　　　(男)：もしもし，マイクです。ヨウコさんをお願いできますか？

　　　　(女)：ごめんね。彼女は今家にいないわ。

| ア　わかりました。あとでかけ直します。 | イ　伝言を預かりましょうか？ |
| ウ　やあ，ヨウコ。元気？ | |

電話で相手が不在だった場合，電話をかけた側がよく使う表現を選ぶよ。ふさわしいのはアだね。

練習問題

> **解答　No.1　エ　　No.2　ウ　　No.3　イ　　No.4　ア**

🔊 放送文　💿6

No.1　男：Hello?

女：This is Natsuki. May I speak to Jim, please?

男：I'm sorry, but ★you have the wrong number.

> ア　I don't know your phone number.
> イ　I see. Do you want to leave a message?
> ウ　Can you ask him to call me?
> ㋑ I'm so sorry.

★You have the wrong number.
「番号が違っています」

No.2　男：Have you finished cooking?

女：No. ★I've just washed the tomatoes and carrots.

男：OK. Can I help you?

> ア　Sorry. I haven't washed the tomatoes yet.
> イ　I don't think so. Please help me.
> ㋒ Thanks. Please cut these carrots.
> エ　All right. I can't help you.

★I've just＋過去分詞.
「ちょうど〜したところだ」

No.3　女：It's so hot today. Let's have something to drink.

男：Sure. I know a good shop. It ★is famous for fruit juice.

女：Really? ★How long does it take to get there from here by bike?

> ア　Ten o'clock in the morning.　㋑ Only a few minutes.
> ウ　Four days a week.　エ　Every Saturday.

★be famous for 〜
「〜で有名である」
★How long does it take to 〜?
「〜するのにどれくらい時間がかかりますか？」

No.4　男：Whose notebook is this? ★There's no name on it.

女：Sorry, Mr. Jones. It's mine.

男：Oh, Ellen. You should write your name on your notebook.

> ㋐ Sure. I'll do it now.　イ　No. I've never sent him a letter.
> ウ　Yes. You found my name on it.　エ　Of course. I finished my homework.

★There is no 〜.
「〜がない」

最後の英文を聞き取って，メモできたかな？質問や提案に対する受け答えを注意深く選ぼう。

日本語訳

No.1　男：もしもし？

女：ナツキです。ジムさんをお願いできますか？

男：すみませんが，番号が違っています。

ア　私はあなたの電話番号を知りません。
イ　わかりました。伝言を残したいですか？
ウ　私に電話するよう彼に伝えてくれますか？
エ　失礼しました。

No.2　男：料理は終わった？

女：いいえ。ちょうどトマトとニンジンを洗ったところよ。

男：よし，手伝おうか？

ア　ごめん。私はまだトマトを洗い終えていないの。
イ　そうは思わないわ。私を手伝って。
ウ　ありがとう。ニンジンを切って。
エ　わかったわ。私は手伝えないわ。

No.3　女：今日はとても暑いわ。何か飲みましょう。

男：いいね。いい店を知っているよ。フルーツジュースで有名なんだ。

女：本当に？自転車でそこに行くのにどれくらい時間がかかるの？

ア　午前10時だよ。　イ　ほんの数分だよ。
ウ　週に４日だよ。　エ　毎週土曜日だよ。

No.4　男：これは誰のノートかな？名前が書いてないな。

女：すみません，ジョーンズ先生。私のです。

男：おお，エレン。ノートには自分の名前を書いておくべきだよ。

ア　わかりました。すぐにそうします。
イ　いいえ。彼に手紙を送ったことはありません。
ウ　はい。あなたはそこに私の名前を見つけましたよね。
エ　もちろんです。私は宿題を終えました。

解説
Explanation

男性の「番号が違っています」に対して，エ「失礼しました」以外は不適切だね。

男性の提案「手伝おうか？」に対して，ウ「ありがとう。ニンジンを切って」以外は不適切だね。

How long does it take to ～?「～するのにどれくらい時間がかかりますか？」に対して，イ Only a few minutes.「ほんの数分」以外は不適切だね。

先生から「ノートには自分の名前を書いておくべきだよ」と言われたことに対して，ア「わかりました。すぐにそうします」以外は不適切だね。

第3章　　　対話や英文と質問（1つ）

基本問題

解答　No.1　エ　　No.2　ア　　No.3　ウ

No.1　Mike finished his homework.

He was very hungry.

His mother said, "Dinner *is ready.

Please *tell Dad to come to the dining room."

So he went to his father.

Question：What is Mike's mother going to do?

> ア　She is going to do Mike's homework with her husband.
> イ　She is going to cook dinner in the dining room.
> ウ　She is going to go to the dining room with Mike.
> エ　She is going to eat dinner with her husband and Mike.

★be ready
「準備ができている」
★tell＋人＋to ～
「（人）に～するように言う」

No.2　⊛：Tom, how's the pizza?

⊛：It's delicious, Lisa. I like your pizza very much.

⊛：Thank you. *Would you like some more?

Question：What will Tom say next?

> ⑦　Yes, please. I want more.　イ　Help yourself, Lisa.
> ウ　I'm sorry. I can't cook well.　エ　Of course. You can take it.

★Would you like some more?
「もう少しいかが？」
（食べ物などを勧めるときの表現）

No.3　⊛：I want this black pen . *How much is it?

⊛：Now we're having a sale. It's 1,500 yen this week.

⊛：I'll take it. It's a birthday present for my father.

Question：Where are they?

> ア　They are in the nurse's office.　イ　They are in the library.
> ウ　They are at a stationery shop.　エ　They are at a birthday party.

★How much ～?
「～はいくらですか？」

選択肢を読み比べておくと，誰の何について質問されるかをある程度予想できるよ。対話を聞きながら，人の名前や行動などをメモしよう。

日本語訳

No.1 マイクは宿題を終えました。

彼はとてもお腹がすいていました。

母親が言いました。「夕食の準備ができたわ。

お父さんにダイニングに来るように言って」

それで彼は父親のところに行きました。

Question：マイクの母親は何をするつもりですか？

ア　彼女は夫と一緒にマイクの宿題をするつもりです。
イ　彼女はダイニングで夕食を作るつもりです。
ウ　彼女はマイクとダイニングに行くつもりです。
(エ)　**彼女は夫とマイクと一緒に夕食を食べるつもりです。**

No.2　(女)：トム，ピザはどう？

(男)：おいしいよ，リサ。僕は君のピザが大好きだよ。

(女)：ありがとう。もう少しいかが？

Question：トムは次に何を言うでしょうか？

(ア)　**うん，お願い。もっとほしい。**　イ　自由に取ってね，リサ。
ウ　ごめん。うまく料理できないんだ。　エ　もちろん。取っていいよ。

No.3　(女)：私はこの 黒いペン を買いたいです。おいくらですか？

(男)：ただいまセール中です。今週は1500円です。

(女)：それをいただきます。父への誕生日プレゼントなんです。

Question：彼らはどこにいますか？

ア　彼らは保健室にいます。　イ　彼らは図書館にいます。
(ウ)　**彼らは文具店にいます。**　エ　彼らは誕生日会にいます。

解 説
Explanation

マイク：宿題 が終わった。おなかが すいた 。父親 を呼びに行く。
母親：夕食 の準備ができた。
つまり，これから3人で夕食を食べるので，**エ**だね。

リサがトムに「もう少しいかが？」と勧めているので，**ア**だね。

黒いペンを売っている店だから，**ウ**の stationery shop「文具店」だね。

- 16 -

練習問題

解答　No.1　ア　　No.2　イ　　No.3　ア　　No.4　イ

 放送文　

No.1

男：I'm going to buy a birthday present for my sister. Lisa, can you go with me?

女：Sure, Ken.

男：★Are you free tomorrow?

女：Sorry, I can't go tomorrow. When is her birthday?

男：Next Monday. Then, how about this Saturday or Sunday?

女：Saturday is fine with me.

男：Thank you.

女：What time and where shall we meet?

男：How about at eleven at the station?

女：OK. See you then.

Question：When are Ken and Lisa going to buy a birthday present for his sister?

ア This Saturday.　イ This Sunday.　ウ Tomorrow.　エ Next Monday.

No.2

女：Hello?

男：Hello. This is Tom. Can I speak to Eita, please?

女：Hi, Tom. I'm sorry, he ★is out now.
Do you ★want him to call you later?

男：Thank you, but I have to go out now. ★Can I leave a message?

女：Sure.

男：Tomorrow we are going to do our homework at my house. ★Could you ask him to bring his math notebook?
I have some questions to ask him.

女：OK, I will.

Question：What does Tom want Eita to do?

ア To do Tom's homework.　イ To bring Eita's math notebook.
ウ To call Tom later.　エ To leave a message.

覚えたい表現 Memory work

★Are you free?
「（時間が）空いている？」

★be out
「外出している」
★want＋人＋to ～
「（人）に～してほしい」
★Can I leave a message?
「伝言をお願いできますか？」

★Could you ～？
「～していただけませんか？」

音声を聞く前に選択肢を読み比べて，質問される人や内容を考えておこう。対話が長いので，ポイントをしぼってメモをとろう。

日本語訳

No.1 　⒨：姉(妹)の誕生日プレゼントを買おうと思っているんだ。リサ，一緒に来てくれない？

　　　⒲：いいわよ，ケン。

　　　⒨：明日は空いてる？

　　　⒲：ごめんね，明日は行けないわ。彼女の誕生日はいつ？

　　　⒨：次の月曜日だよ。じゃあ，<u>この土曜日か日曜日はどう？</u>

　　　⒲：<u>土曜日は都合がいいわ。</u>

　　　⒨：ありがとう。

　　　⒲：何時にどこで待ち合わせる？

　　　⒨：11時に駅でどうかな？

　　　⒲：ええ。じゃあそのときね。

　Question：ケンとリサはいつ彼の姉(妹)の誕生日プレゼントを買うつもりですか？

⑦　この土曜日。　　イ　この日曜日。　　ウ　明日。　　エ　次の月曜日。

解説

選択肢より，曜日に注意してメモをとろう。This Saturday.「この土曜日」のⅦだね。

No.2 　⒲：もしもし？

　　　⒨：もしもし。トムです。英太さんをお願いできますか？

　　　⒲：こんにちは，トム。ごめんね，彼は今外出しているわ。あとでかけ直すようにしましょうか？

　　　⒨：ありがとうございます，でもすぐに外出しないといけないんです。伝言をお願いできますか？

　　　⒲：いいわよ。

　　　⒨：明日，僕の家で一緒に宿題をすることになっています。<u>数学のノートを持ってくるよう彼に頼んでいただけませんか？</u>彼にいくつか尋ねたいことがあるんです。

　　　⒲：わかったわ，伝えておくわね。

　Question：トムが英太にしてほしいことは何ですか？

ア　トムの宿題をすること。　　⑦　数学のノートを持ってくること。
ウ　あとでトムに電話すること。　エ　伝言を残すこと。

選択肢より，英太がトムに対してすること(トムが英太にしてほしいこと)を選ぼう。トムは3回目の発言でⅦの内容の伝言を伝えたんだね。

No.3　㊛：Hi, Mike. ★What kind of book are you reading?

　　　㊚：Hi, Rio. It's about *ukiyoe* pictures. I learned about them last week.

　　　㊛：I see. You can see *ukiyoe* in the city art museum now.

　　　㊚：Really? I want to visit there.
　　　　　In my country, there are some museums that have *ukiyoe*, too.

　　　㊛：Oh, really? I ★am surprised to hear that.

　　　㊚：I have been there to see *ukiyoe* once.
　　　　　I want to see them in Japan, too.

　　　㊛：I went to the city art museum last weekend.
　　　　　It was very interesting. You should go there.

　　Question：Why was Rio surprised?

> ㋐ Because Mike said some museums in his country had *ukiyoe*.
> ㋑ Because Mike learned about *ukiyoe* last weekend.
> ㋒ Because Mike went to the city art museum in Japan last weekend.
> ㋓ Because Mike didn't see *ukiyoe* in his country.

No.4　㊛：Hello, Hiroshi. How was your holiday?

　　　㊚：It was great, Lisa. I went to Kenroku-en in Kanazawa. It is a beautiful Japanese garden.

　　　㊛：How did you go there?

　　　㊚：I took a train to Kanazawa from Toyama.
　　　　　Then I wanted to take a bus from Kanazawa Station, but there were many people. So I ★decided to walk.

　　　㊛：Oh, really? How long did it take ★from the station to Kenroku-en?

　　　㊚：About 25 minutes. I saw many people from other countries.

　　　㊛：I see. Kanazawa is an ★international city.

　　Question：Which is true?

> ㋐ It took about 25 minutes from Toyama to Kanazawa.
> ㋑ Hiroshi walked from Kanazawa Station to Kenroku-en.
> ㋒ Hiroshi went to many countries during his holiday.
> ㋓ Hiroshi took a bus in Kanazawa.

覚えたい表現
Memory work

★What kind of 〜？
「どんな種類の〜？」

★be surprised to 〜
「〜して驚く」

★decide to 〜
「〜することに決める
／決心する」
★from A to B
「AからBまで」

★international
「国際的な」

No.3

女：こんにちは，マイク。どんな本を読んでいるの？

男：やあ，リオ。浮世絵についての本だよ。先週それらについて学んだんだ。

女：そうなの。今，市立美術館で浮世絵を見ることができるよ。

男：本当に？そこに行きたいな。

僕の国にも，浮世絵のある美術館があるよ。

女：え，本当に？それを聞いて 驚いた わ。

男：僕は一度そこに浮世絵を見に行ったことがあるよ。

日本でも見たいな。

女：先週末，市立美術館に行ったの。

とても面白かったわ。あなたも行くべきよ。

Question：なぜリオは驚きましたか？

ア マイクが彼の国の美術館に浮世絵があると言ったから。

イ マイクが先週末に浮世絵について学んだから。

ウ マイクが先週末に日本の市立美術館に行ったから。

エ マイクが彼の国で浮世絵を見なかったから。

選択肢が全て
Because Mike 〜 .
マイクが言ったことは
・浮世絵についての
本を読んでいる。
・浮世絵のある美術
館が自国にもある。
・自国の美術館に浮
世絵を見に行った
ことがある。
・日本でも浮世絵を
見たい。
質問は「リサが驚い
た理由」だから，ア だ
ね。

No.4

女：こんにちは，ヒロシ。休みはどうだった？

男：すばらしかったよ，リサ。金沢の兼六園に行ったよ。

美しい日本庭園だよ。

女：そこにはどうやって行ったの？

男：富山から金沢まで電車に乗ったよ。

そして金沢駅からはバスに乗りたかったけれど，とてもたくさんの人がいたんだ。それで僕は歩くことにしたよ。

女：まあ，本当？駅から兼六園までどれくらい時間がかかったの？

男：約25分だよ。外国から来たたくさんの人を見たよ。

女：なるほど。金沢は国際都市ね。

Question：どれが正しいですか？

ア 富山から金沢まで約25分かかった。

イ ヒロシは金沢駅から兼六園まで歩いた。

ウ ヒロシは休みの間にたくさんの国に行った。

エ ヒロシは金沢でバスに乗った。

選択肢から以下の
キーワードにしぼっ
て，音声の同様の単
語に注意しよう。
ア 25 minutes
イ walk
ウ many countries
エ bus
ア はヒロシの3回目，
イ，エ は2回目の発
言にあるけど，ウ は
音声にはないね。ヒ
ロシは金沢駅から兼
六園まで歩いたの
で，イ だね。

第4章　　　語句を入れる

基本問題

解答　No.1　（ア）土　（イ）2時30分　（ウ）青

　　　No.2　（ア）博物館〔別解〕美術館　（イ）150　（ウ）生活〔別解〕暮ら

 放送文　

No.1　⊕：David, the festival will ★be held ₇ from Friday to Sunday , right?

　　　⊗：Yes, Kyoko. I'm going to join the dance event at the music hall ₇★ on the second day .

　　　⊕：That's great! Can I join, too?

　　　⊗：Sure. It will start at ₁ three in the afternoon.

　　　　Let's meet there ₁ 30 minutes before that .

　　　　We will wear ₉ blue T-shirts when we dance.

　　　　Do you have one?

　　　⊕：Yes, I do. I'll bring it.

No.2　⊗：What is this building, Kate? It looks very old.

　　　⊕：This is a ₇ museum , Eita.

　　　　It was built about ₁ 150 years ago and used as a school.

　　　⊗：What can we see here?

　　　⊕：You can see how people ₉ lived ★a long time ago.

　　　　★Shall we go inside now?

　　　⊗：OK. Let's go.

覚えたい表現
Memory work

★be held
「開催される」

★on the second day「2日目に」

★a long time ago「昔」
★Shall we ～?「(一緒に)～しましょうか?」

音声を聞く前に空欄を見て，どのような語句が入るか予想しよう。数を聞き取る問題は，アクセントに注意しよう。

日本語訳

解説
Explanation

No.1　⑨：デイビッド，お祭りは ァ 金曜日から日曜日まで 開催されるのよね？

　　　　㊚：そうだよ，教子。僕は ァ 2日目に 音楽ホールで行われるダンスイベントに参加する予定だよ。

　　　　⑨：いいわね！私も参加していい？

　　　　㊚：いいよ。それは午後 ィ 3時 に始まるよ。
　　　　　　ィ 30分前（＝午後2時30分） に現地で待ち合わせしよう。
　　　　　　僕らはダンスをするときに ゥ 青いTシャツ を着るんだ。
　　　　　　持っている？

　　　　⑨：ええ，持っているわ。それを持っていくね。

お祭り：
金 曜日〜 日 曜日

ダンスイベント：
2 日目
開始時刻：午後 3 時
集合時刻： 30 分前
Tシャツの色： 青 色

No.2　㊚：この建物は何だろう，ケイト？とても古そうだね。

　　　　⑨：これは ァ 博物館 よ，英太。
　　　　　　約 ィ 150 年前に建てられて，学校として使われたの。

　　　　㊚：ここでは何を見ることができるの？

　　　　⑨：昔の人々がどのように ゥ 生活していた かを見られるわ。
　　　　　　では中に入りましょうか？

　　　　㊚：うん。行こう。

ア
museum「博物館／美術館」を聞き取ろう。
イ
one hundred and fifty（＝150）
fiftyのアクセントに注意。fiftyのアクセントは前にあるよ。
ウ
how以下が間接疑問。lived「生活していた」を聞き取ろう。

練習問題

解答　No.1　（ア）Sunday　（イ）11 (in the morning)　No.2　（ア）learn　（イ）Thursday

 放送文 🔟

No.1
男：Hi, Lisa. This is Mike. How's everything?

女：Great, thanks. *What's up?

男：My brother is coming to Fukuoka next Friday and will stay here for three weeks.
How about going to a ramen shop together?
He has wanted to eat ramen in Fukuoka *for a long time.

女：Oh, there's a good ramen shop near my house.
Let's go there.

男：That's great. He will be glad to hear that.
When and where shall we meet?

女：Can you come to my house at ｲ eleven in the morning next Saturday?
Then we can walk to the ramen shop together.

男：I'm sorry, I can't. I'm busy until three in the afternoon that day.
How about *ｲ the same time next ｱ Sunday ?

女：All right. Can I *invite my friend Nancy?

男：Sure. See you then. Bye.

No.2
男：Thank you for coming to our concert today, Aya. How was it?

女：Wonderful! Everyone was great. You especially played the violin very well, James. I really enjoyed the concert.

男：I'm glad to hear that.

女：I want to play the violin, too. ｱ Can you teach me *how to play it ?

男：ｱ Sure. ｲ I'm free every Thursday.
Please come to my house and we can practice together.

女：That's nice! Can I visit you next ｲ Thursday ?

男：Of course.

覚えたい表現 / Memory work

★What's up?
「どうしたの？」

★for a long time
「長い間／ずっと」

★the same time
「同じ時間」
★invite ～
「～を招く／誘う」

★how to ～
「～する方法」

音声で流れない語句を答えなくてはならない場合もあるよ。そのようなときは，前後の内容から考えて語句を導き出そう。

日本語訳

解 説
Explanation

No.1

男：もしもし，リサ。マイクだよ。元気？

女：元気よ。どうしたの？

男：兄(弟)が今度の金曜日に福岡に来て，３週間いるんだ。
一緒にラーメン屋に行かない？
兄(弟)がずっと福岡のラーメンを食べたいって言っててさ。

女：それなら家の近くにおいしいラーメン屋があるわよ。
そこに行こうよ。

男：やったあ。兄(弟)もそれを聞いたら喜ぶよ。
いつどこで待ち合わせをしようか？

女：今度の土曜日，ｲ午前11時に私の家に来られる？
歩いて一緒にラーメン屋まで行けるわ。

男：ごめん，無理だ。その日は午後３時まで忙しいんだ。
今度のｱ日曜日のｲ同じ時間はどう？

女：いいわよ。友達のナンシーも誘っていい？

男：もちろんだよ。じゃあそのときね。バイバイ。

ラーメン屋に行く曜日と時間を答える問題だね。
リサ：土曜日午前11時を提案。
マイク：日曜日の同じ時間を提案。

No.2

男：今日はコンサートに来てくれてありがとう，アヤ。どうだった？

女：素敵だったわ！みんな上手だった。特にあなたはバイオリンをとても上手に演奏していたね，ジェームス。
本当にいいコンサートだったわ。

男：それを聞いてうれしいよ。

女：私もバイオリンを弾いてみたいわ。ｱ弾き方を教えてくれない？

男：ｱいいよ。ｲ毎週木曜日は時間があるよ。
僕の家においでよ，それなら一緒に練習できるよ。

女：ありがとう！次のｲ木曜日に行ってもいい？

男：もちろんだよ。

ア
ジェームスはアヤにバイオリンを教える＝アヤはジェームスからバイオリンを学ぶ。learn「学ぶ」が適切だよ。音声で流れない単語を書く難問だね。practice を入れると後ろのfrom youと合わないから不適切だね。

イ
Thursday「木曜日」を聞き取ろう。

第5章　　　対話と質問（複数）

基本問題

| 解答 | No.1　イ | No.2　ア | No.3　イ | No. 4　ア |

 放送文　

男：Hello, Ms. Brown.

女：Hi, Kenji. You don't look well today. ★What happened?

男：Last week we had a basketball game.

I was ★so nervous that I couldn't play well.

No.1 イ Finally, our team lost the game.

女：Oh, I understand how you feel.

I played basketball for ten years in America.

I felt nervous during games, too.

男：Oh, did you? No.2 ア I always ★feel sorry for my friends in my team when I make mistakes in the game.

女：Kenji, I had the same feeling. When I made a mistake in the game, I ★told my friends that I was sorry.

But one of my friends said, "Don't feel sorry for us. We can ★improve by making mistakes. You can try again!"

She told me with a big smile.

Her words and smile ★encouraged me.

★Since then, I have ★kept her words in mind.

男：Thank you, Ms. Brown. I learned a very important thing from you. No.4 ア Now I believe that I can improve my basketball skills by making mistakes.

女：Great, Kenji! I'm glad to hear that. No.3 イ When is your next game?

男：Oh, No.3 イ it's in November. Please come to watch our game!

女：Sure. I'm ★looking forward to seeing it. Good luck.

男：Thank you, Ms. Brown. I'll ★do my best.

覚えたい表現
Memory work

★What happened?
「何かあった？」

★so…that 〜
「とても…なので〜」

★feel sorry for 〜
「〜に申し訳なく思う」

★tell＋人＋that 〜
「（人）に〜と言う」

★improve
「上達する」

★encourage 〜
「〜を励ます」
★since then
「それ以来」
★keep 〜 in mind
「〜を心に留める」

★look forward to 〜 ing
「〜することを楽しみにする」
★do one's best
「ベストを尽くす」

音声を聞く前に問題文や選択肢を読んでおこう。対話が長いので，集中力を切らさず，答えに関する内容を正しく聞き取ってメモしよう。

日本語訳

男：こんにちは，ブラウン先生。

女：あら，ケンジ。今日は元気がないわね。何かあった？

男：|先週|，バスケットボールの試合がありました。

とても緊張してうまくプレーできなかったんです。

No.1ｲ 結局，僕らのチームは試合に負けてしまいました。

女：まあ，私はあなたの気持ちがわかるわ。

私はアメリカで10年間バスケットボールをしていたの。

私もゲーム中に緊張していたわ。

男：先生もですか？ No.2ｱ 僕は試合でミスをしたとき，いつもチームの友達に申し訳なく思います。

女：ケンジ，私も同じ気持ちだったわ。試合で自分がミスをしたとき，友達に謝っていたの。

でも，友達の1人が，「申し訳なく思うことはないわ。

私たちはミスをすることで上達するの。

また挑戦すればいいのよ！」と満面の笑みで言ってくれたのよ。

彼女の言葉と笑顔に励まされたわ。

それ以来，彼女の言葉を心に留めているの。

男：ありがとうございます，ブラウン先生。僕は先生からとても大切なことを学びました。No.4ｱ 今はミスをすることによってバスケットボールの技術を上達させられると信じています。

女：すごい，ケンジ！それを聞いてうれしいわ。No.3ｲ 次の試合はいつ？

男：ああ，No.3ｲ 11月にあります。僕たちの試合を見に来てください！

女：いいわ。試合を見るのを楽しみにしているわ。がんばってね。

男：ありがとうございます，ブラウン先生。ベストを尽くします。

解説
Explanation

・先週の試合でケンジのチームは|負け|た。

・ブラウン先生は|アメリカ|で|10|年間バスケットボールをしていた。

・ケンジはミスをすると|友達|に|申し訳ない|と思う。

・ブラウン先生はミスをすると|友達|に|謝って|いた。

・しかし，ブラウン先生の友達がまた|挑戦|すればいいと言った。その|言葉|と|笑顔|に励まされた。

・ケンジはブラウン先生からとても|大切|なことを学んだ。今ではミスをすることで|バスケットボール|の技術が|上達|すると信じている。

・ケンジの次の|試合|は|11|月にある。

・ブラウン先生は|試合|を楽しみにしている。

・ケンジは|ベストを尽くす|つもりだ。

練習問題

解答　No.1　イ　　No.2　イ　　No.3　エ　　No.4　エ

 放送文　 *12

④：Hi, Daiki. What will you do during the spring vacation?

⑨：My family will spend five days in Tokyo with my friend, Sam.
He is a high school student from Sydney. I met him there.

④：I see. ₙₒ.₁ ᵢ <u>Did you live in Sydney?</u>

⑨：ₙₒ.₁ ᵢ <u>Yes. My father worked there when I was a child.</u>
Sam's parents *asked my father to take care of Sam in Japan.
ₙₒ.₂ ᵢ <u>He will come to my house in Osaka next week.</u>

④：Has he ever visited Japan?

⑨：No, he hasn't. I haven't seen him for a long time, but we
often send e-mails to *each other.

④：How long will he stay in Japan?

⑨：For ten days. ₙₒ.₃ ₑ <u>Have you ever been to Tokyo, Cathy?</u>

④：ₙₒ.₃ ₑ <u>No, but I'll visit there this May with my friend, Kate.</u>
She lives in America. Do you often go to Tokyo?

⑨：Yes. My grandmother lives there.
We will visit the zoo and the museum with her.
We will also go shopping together.

④：*That sounds good. Sam will be very glad.

⑨：I hope so. Well, I sent him a book about Tokyo which has
*a lot of beautiful pictures.

④：Cool. I also want to give a book like that to Kate because
ₙₒ.₄ ₑ <u>she likes taking pictures of beautiful places.</u>
*Actually, she has been to many foreign countries to take
pictures.

⑨：That's interesting. I like taking pictures, too.
So I want to see the pictures she took in other countries.

④：OK. I'll tell her about that.

⑨：Thank you.

Question No.1：Where did Daiki live when he was a child?

Question No.2：Who will come to Daiki's house next week?

Question No.3：Has Cathy visited Tokyo before?

Question No.4：What does Kate like to do?

覚えたい表現
Memory work

★ask＋人＋to～
「（人）に～するように頼む」

★each other
「お互いに」

★That sounds
good.
「それはいいね」
★a lot of ～
「たくさんの～」

★actually
「実際に／実は」

ダイキとキャシーの対話。ダイキの友達のサムと，キャシーの友達のケイトも出てくるよ。
音声を聞きながら，誰が何をしたかをメモしよう。

日本語訳

解説
Explanation

- 🟡：こんにちは，ダイキ。春休みは何をするの？
- 🔵：家族で，友達のサムと一緒に東京に５日間滞在するよ。サムはシドニー出身の高校生だよ。僕はシドニーで彼と知り合ったんだ。
- 🟡：そうなんだ。No.1 ィ <u>あなたはシドニーに住んでいたの？</u>
- 🔵：No.1 ィ <u>そうだよ。僕が子どものころ，父がシドニーで働いていたんだ。</u> サムの両親が，日本に行くサムの面倒を見てくれるよう父に頼んだんだよ。
  No.2 ィ <u>サムは来週，大阪の我が家に来るよ。</u>
- 🟡：彼は日本に来たことがあるの？
- 🔵：ないよ。僕も長いこと彼に会っていないんだ，でもお互いによくメールを送り合っているよ。
- 🟡：彼は日本にどのくらい滞在するの？
- 🔵：10日間だよ。No.3 ェ <u>キャシーは東京に行ったことある？</u>
- 🟡：No.3 ェ <u>いいえ，でも友達のケイトと，今年の５月に行くつもりよ。</u> 彼女はアメリカに住んでいるわ。あなたはよく東京に行くの？
- 🔵：うん。祖母が住んでいるんだ。
  僕たちは，祖母と一緒に動物園と博物館に行く予定だよ。
  それから一緒に買い物にも行くつもりなんだ。
- 🟡：それはいいわね。サムはとても喜ぶと思うわ。
- 🔵：そうだといいな。そういえば，僕はサムに，素敵な写真がたくさん載っている東京に関する本を送ったんだよ。
- 🟡：いいわね。私もそういう本をケイトに送りたいわ，No.4 ェ <u>彼女は美しい場所の写真を撮るのが好きだから。</u>
  実は，彼女は写真を撮るためにたくさん外国に行っているのよ。
- 🔵：それは興味深いな。僕も写真を撮るのが好きだよ。
  だから彼女が外国で撮った写真を見たいな。
- 🟡：わかった。彼女にそう伝えておくわ。
- 🔵：ありがとう。

Question No.1：ダイキは子どものころ，どこに住んでいましたか？
Question No.2：来週，誰がダイキの家に来ますか？
Question No.3：キャシーは以前，東京に行ったことがありますか？
Question No.4：ケイトは何をするのが好きですか？

No.1
ダイキについての質問だね。ダイキは幼少期にシドニーに住んでいたと言っているね。

No.2
ダイキの家に来るのは，ダイキの友達のサムだね。

No.3
キャシーは，東京に行く予定はあるけれど，まだ行ったことはないと言っているね。Has Cathy ～？と聞かれたから，No, she hasn't. と答えよう。

No.4
キャシーが友達のケイトの好きなことを紹介しているね。

第6章　　　　英文と質問（複数）

基本問題

解答　No.1　ア　　No.2　エ　　No.3　ウ

Today is the last day before summer vacation.

From tomorrow, you'll have twenty-five days of vacation and I'll give you some homework to do.

For your homework, you must write a report about the problems in the ★environment and you must use ★more than one hundred English words.

We've ★finished reading the textbook about the problems in the environment.

So, No.1 ア in your report, you must write about ★one of the problems in the textbook that is interesting to you.

★The textbook says that there are many kinds of problems like water problems or fires in the mountains.

No.2 エ The textbook also says that everyone in the world must continue thinking about ★protecting the environment from these problems.

If you want to know more about it, use the Internet or books in the city library.

No.3 ウ Please give me your report at the next class.

I hope you enjoy this homework and have a good vacation.

★environment
「環境」
★more than ～
「～以上」
★finish ～ ing
「～し終える」

★one of ～
「～の１つ」

★the textbook says
(that) ～「教科書に
は～と書いてある」

★protect A from B
「BからAを守る」

音声を聞く前に，問題文，質問，選択肢の内容から，聞き取るべきキーワードをイメージできたかな？それらのキーワードに関連する部分を中心にメモをとろう。

日本語訳

今日は夏休み前の最終日です。

明日からみなさんは25日間の休暇に入るので，宿題を出します。

みなさんは宿題として，環境問題についてのレポートを書いてください，なお，英単語を100語以上使わなければいけません。

私たちは環境問題についての教科書を読み終えました。

ですから_{No.1} ァレポートでは，教科書の中で自分の興味がある問題の1つについて書いてください。

教科書には，水問題や山火事のような，多くの種類の問題があると書いてあります。

_{No.2} ェまた，教科書には，世界中の誰もが，これらの問題から環境を守ることを考え続けなければいけない，とも書いてあります。

もっと詳しく知りたい人は，インターネットや市立図書館にある本を利用してください。

_{No.3} ゥレポートは，次の授業で私に提出してください。

みなさんがこの宿題を楽しみ，良い休暇を過ごすことを願っています。

解説
Explanation

・夏休み前の最終日。明日から25日間の休みに入る。

・環境問題についてのレポートを書く。英単語を100語以上使う。

・環境問題についての教科書を読み終えた。

・教科書の中で興味がある問題を選ぶ。

・教科書には世界中の誰もが環境を守ることについて考え続けなければならないと書いてある。

・詳しく知りたい人はインターネットや市立図書館の本を利用する。

・次の授業でレポートを提出する。

練習問題

解答	No.1 イ	No.2 エ	No.3 ウ	No.4 イ

Today, I'll tell you about my grandmother's birthday party.
Before her birthday, I talked about a birthday present for her with my father and mother.
My father said, "Let's go to a cake shop and buy a birthday cake."
No.1 イ My mother said, "That's a good idea. I know a good cake shop." But when I saw my bag, I had another idea. I said, "No.2 エ My grandmother made this bag *as my birthday present last year, so I want to make a cake for her."
They agreed.
No.3 ウ On her birthday, I started making the cake at nine in the morning. My father and mother helped me because that was *my first time. I finished making it at one in the afternoon.
We visited my grandmother at six and started the party for her.
First, we enjoyed a special dinner with her.
After that, I showed her the cake.
When she saw it, she said, "Wow, did you make it? I'm so happy. Thank you, Kyoko."
I *was happy to hear that.
No.4 イ Then we *sang a birthday song for her and ate the cake with her. I'll never forget that wonderful day.

Question No.1 : Who knew a good cake shop?
Question No.2 : Why did Kyoko want to make a cake for her grandmother?
Question No.3 : *How many hours did Kyoko need to make the cake?
Question No.4 : What did Kyoko do at her grandmother's birthday party?

★as 〜「〜として」

★my first time
「(私にとって)初めてのこと」

★be happy to 〜
「〜してうれしい」
★sang
sing「歌う」の過去形

★How many
hours 〜 ?
「何時間〜？」

選択肢から，No.1は人物，No.2は理由，No.3は時間，No.4は行動についての質問だと推測できるね。関連部分の音声に注意しながら聞き取ってメモをし，質問にそなえよう。

日本語訳

今日は，私の祖母の誕生日パーティーについて話そうと思います。

誕生日の前に，私は，祖母にあげる誕生日プレゼントについて両親と話しました。

父は，「ケーキ屋に行って誕生日ケーキを買おう」と言いました。

No.1 ィ 母は，「いい考えね。私はおいしいケーキ屋を知っているわ」と言いました。しかし私は，自分のバッグを見て別の考えが浮かびました。

「No.2 ェ おばあちゃんは去年，私の誕生日プレゼントとしてこのバッグを作ってくれたの。だから私はケーキを作りたいわ」と私は言いました。両親も賛成してくれました。

No.3 ゥ 誕生日当日，私は午前9時からケーキを作り始めました。ケーキ作りは初めてのことだったので，両親が手伝ってくれました。私は午後1時にケーキを作り終えました。

私たちは6時に祖母の家に行き，パーティーを始めました。

まず，一緒にごちそうを楽しみました。

その後，私は祖母にケーキを見せました。

それを見ると，祖母は，「まあ，自分で作ったの？とってもうれしいわ。ありがとう，教子」と言いました。

私はそれを聞いてうれしくなりました。

No.4 ィ それから私たちは，祖母のために誕生日の歌を歌って，一緒にケーキを食べました。私はあの素晴らしい日を決して忘れません。

Question No.1：おいしいケーキ屋を知っていたのは誰ですか？

Question No.2：教子はなぜ祖母にケーキを作ってあげたかったのですか？

Question No.3：教子はケーキを作るのに何時間かかりましたか？

Question No.4：教子は祖母の誕生日パーティーで何をしましたか？

No.1
おいしいケーキ屋を知っていた人は，ケーキを買おうと言ったお父さんではないよ。教子のお母さんだね。

No.2
おばあちゃんがバッグを作ってくれたから，自分も手作りのものをあげたいと思ったんだね。

No.3
午前9時から午後1時までだから，4時間だね。

No.4
教子が話したのは，イの「祖母のために両親と誕生日の歌を歌った」だね。

第7章　　　作　文

基本問題

> 解答　No.1　（例文）We can give her some flowers.
>
> 　　　　No.2　（例文）I can play soccer with him. It's bcause I can talk with him in Japanese while we are playing soccer.

 放送文　 ◎*15*

覚えたい表現
Memory work

★say goodbye to 〜
「〜にさよならを言う」

No.1 　 (女)：Hi, John. Do you know our classmate Eiko will leave Tokyo and live in Osaka from next month?

　　　　We have to ★say goodbye to her soon.

　　　 (男)：Really, Kyoko? I didn't know that. I'm very sad.

　　　 (女)：Me, too. Well, let's do something for Eiko. What can we do?

　　　 (男)：(　　　　　)

No.2 　 Hello, everyone.

　　　Next week a student from Australia will come to our class and study with us for a month.

　　　His name is Bob.

　　　He wants to enjoy his stay.

　　　He likes sports very much and wants to learn Japanese.

　　　Please tell me what you can do for him and why.

— 33 —

No.1では引っ越すクラスメートに，No.2ではオーストラリアからの留学生に対してできることを英文で書くよ。間違えずに書ける単語や表現を使って短くまとめよう。

日本語訳

No.1
女：こんにちは，ジョン。クラスメートのエイコが東京を去り，来月から大阪に住むことになったって知ってる？
もうすぐさよならを言わなければならないわ。

男：本当に，教子？それは知らなかったよ。とても悲しいね。

女：私もよ。エイコのために何かしましょう。
何ができるかしら？

男：（　　　　　）

解 説
Explanation

No.1
東京から大阪へ引っ越すクラスメートにしてあげられることを書こう。
（例文の訳）
「花束をあげることができるね」
「(人)に(もの)をあげる」＝give＋人＋もの

No.2
みなさん，こんにちは。

来週，オーストラリアから1人の留学生がこのクラスに来て，一緒に1か月間勉強する予定です。

彼の名前はボブです。

彼はこの滞在を楽しみたいと思っています。

彼はスポーツが大好きで，日本語を学びたいと思っています。
あなたが彼のためにできることと，その理由を教えてください。

No.2
スポーツが大好きで日本語を学びたい留学生のためにできることと，その理由を書こう。
（例文の訳）
「僕は彼と一緒にサッカーをすることができます。サッカーをしながら，彼と日本語で話をすることができるからです」

練習問題

解答　No.1　ウ　　No.2　They should tell a teacher.

No.3　（例文）I want to go to America because there are a lot of places to visit.

 放送文　16

*Welcome to our school. I am Lucy, a second-year student of this school. We are going to show you around our school today. Our school was built in 2019, so it's still new.

Now we are in the gym.

We will start with the library, and I will *show you how to use it. Then we will look at classrooms and the music room, and No.1 ウ we will finish at the lunch room. There, you will meet other students and teachers.

After that, we are going to have *a welcome party.

There is something more I want to tell you.

We took a group picture *in front of our school.

No.2 If you want one, you should tell a teacher tomorrow.

Do you have any questions?

Now let's start.

Please come with me.

Question No.1：Where will the Japanese students meet other students and teachers?

Question No.2：If the Japanese students want a picture, what should they do tomorrow?

Question No.3：If you study abroad, what country do you want to go to and why?

覚えたい表現
Memory work

★Welcome to 〜.
「〜へようこそ」

★show＋人＋もの
「（人）に（もの）を見せる」

★a welcome party「歓迎会」

★in front of 〜
「〜の前で」

「…ので〜したい」＝I want to 〜 because …. は英作文でよく使う形なので覚えておこう。

日本語訳

私たちの学校へようこそ。私はルーシー，この学校の2年生です。

今日はみなさんに学校を案内します。

私たちの学校は2019年に建てられました，ですからまだ新しいですね。

私たちは今，体育館にいます。

まず図書館から始めましょう，その使い方を教えます。

それから，教室と音楽室を見て，No.1 ゥ最後に食堂を見ます。そこで，みなさんは他の生徒や先生と対面することになっています。

その後，歓迎会をする予定です。

みなさんにお伝えしたいことがもう少しあります。

校舎の前でグループ写真を撮りましたね。

No.2その写真が欲しい人は，明日先生に申し出てください。

何か質問はありますか？

では行きましょう。

私についてきてください。

Question No.1：日本の生徒はどこで他の生徒や先生と会いますか？

Question No.2：日本の生徒は写真が欲しい場合，明日何をすべきですか？

Question No.3：もしあなたが留学するなら，どの国に行きたいですか，そしてそれはなぜですか？

解説 Explanation

No.1
他の生徒や先生と対面する場所は食堂＝the lunch roomだから，**ウ**だね。

No.2
Ifで始まる文の後半の内容を答えればいいね。

No.3
したいこととその理由を答えるときは，I want to 〜 because …. の形を使おう。
（例文の訳）
「訪れるたくさんの場所があるので，私はアメリカに行きたいです」

覚えたい表現 Memory work　まとめ　　← グループ分け

P3	What do you want to do in the future?	あなたは将来何をしたいですか？
	by bike	自転車で
	Can you 〜 ?	〜してくれませんか？
	Can I 〜 ?	〜してもいいですか？
	look at 〜	〜を見る
	have to 〜	〜しなければならない
P5	What's the matter?	どうしたの？
	last night	昨夜
	go to bed	寝る
	get up	起きる
	for 〜（期間を表す言葉）	〜の間
	stop 〜 ing	〜することをやめる
	How about 〜 ?	〜はどうですか？
	Thank you for 〜 ing.	〜してくれてありがとう
	for 〜（対象を表す言葉）	〜のために
P7	What time shall we meet?	何時に待ち合わせる？
	the ＋最上級＋ in ＋○○	○○の中で最も…
	no ＋人	（人）が１人も〜ない
	I've never 〜 .	私は一度も〜したことがない
	keep ＋人／もの＋状態	（人／もの）を（状態）に保つ
P9	school festival	学園祭
	look 〜	〜のように見える
	next to 〜	〜のとなりに
	I hear（that）〜 .	〜だそうだ
	be good at 〜 ing	〜することが得意だ
	be glad to 〜	〜してうれしい
	over 〜	〜以上
	make a speech	スピーチをする
	the number of 〜	〜の数
	keep 〜 ing	〜し続ける
	go up	増加する
	go down	減少する
P11	Have you ever been to 〜 ?	〜に行ったことがありますか？
	May I help you?	お手伝いしましょうか？／いらっしゃいませ
	look for 〜	〜を探す
	What are you going to do?	何をするつもりですか？
	go fishing	釣りに行く
	May I speak to 〜 ?	（電話で）〜さんをお願いできますか？
P13	You have the wrong number.	番号が違っています
	I've just ＋過去分詞 .	ちょうど〜したところだ
	be famous for 〜	〜で有名である
	How long does it take to 〜 ?	〜するのにどれくらい時間がかかりますか？
	There is no 〜 .	〜がない
P15	be ready	準備ができている
	tell ＋人＋ to 〜	（人）に〜するように言う
	Would you like some more?	もう少しいかが？
	How much 〜 ?	〜はいくらですか？

P17	Are you free?	(時間)が空いている？
	be out	外出している
	want + 人 + to ～	(人)に～してほしい
	Can I leave a message?	伝言をお願いできますか？
	Could you ～？	～していただけませんか？
P19	What kind of ～？	どんな種類の～？
	be surprised to ～	～して驚く
	decide to ～	～することに決める／決心する
	from A to B	AからBまで
	international	国際的な
P21	be held	開催される
	on the second day	2日目に
	a long time ago	昔
	Shall we ～？	(一緒に)～しましょうか？
P23	What's up?	どうしたの？
	for a long time	長い間／ずっと
	the same time	同じ時間
	invite ～	～を招く／誘う
	how to ～	～する方法
P25	What happened?	何かあった？
	so…that ～	とても…なので～
	feel sorry for ～	～に申し訳なく思う
	tell + 人 + that ～	(人)に～と言う
	improve	上達する
	encourage ～	～を励ます
	since then	それ以来
	keep ～ in mind	～を心に留める
	look forward to ～ ing	～することを楽しみにする
	do one's best	ベストを尽くす
P27	ask + 人 + to ～	(人)に～するように頼む
	each other	お互いに
	That sounds good.	それはいいね
	a lot of ～	たくさんの～
	actually	実際に／実は
P29	environment	環境
	more than ～	～以上
	finish ～ ing	～し終える
	one of ～	～の1つ
	the textbook says (that) ～	教科書には～と書いてある
	protect A from B	BからAを守る
P31	as ～	～として
	my first time	(私にとって)初めてのこと
	be happy to ～	～してうれしい
	sang	sing「歌う」の過去形
	How many hours ～？	何時間～？
P33	say goodbye to ～	～にさよならを言う
P35	Welcome to ～.	～へようこそ
	show + 人 + もの	(人)に(もの)を見せる
	a welcome party	歓迎会
	in front of ～	～の前で

聞き違いをしやすい表現
Easy to mistake

1　聞き違いをしやすい数

サー**ティー**ン　　**サー**ティ
thirteen「13」と thirty「30」

 アクセントの位置に着目

後　　　　　前
thirteen「13」と thirty「30」

フォーティーン　　フォーティ
fourteen「14」と forty「40」

フィフティーン　　フィフティ
fifteen「15」と fifty「50」

シックスティーン　　シックスティ
sixteen「16」と sixty「60」

セブンティーン　　セブンティ
seventeen「17」と seventy「70」

エイティーン　　エイティ
eighteen「18」と eighty「80」

ナインティーン　　ナインティ
nineteen「19」と ninety「90」

2　聞き違いをしやすい英語

キャン　　　　キャン（ト）
can「できる」と can't「できない」

 次の単語との間に着目

間がない　　　間がある
can 〜　　can't 〜

ウォント　　　　　　　ワントゥ
won't「しないつもり」と want to「したい」

フェアー　　　　フェン
where「どこ？」と when「いつ？」

3　同じ発音で違う意味の英語

ワン　　　　　ワン
won「勝った」と one「1」

 単語の位置や文の意味で判断

「アイ ワン ザ プライズ」だったら
→ I won the prize.
私は賞を勝ち取りました

「アイ チョゥズ ワン」だったら
→ I chose one.
私は1つを選びました

レッド　　　　レッド
red「赤」と read「読んだ」

4　セットで読まれる英語

ゼァリズ
There is

 連語表現の発音に慣れよう

「ゼアー」と「イズ」を続けて読むと「ゼァリズ」
There 　　is

ゲラップ	ピカップ	オプニット	シェイキット	トーカバウト	ハフトゥ
get up	pick up	open it	shake it	talk about	have to

ワノブ	ウォンチュー	ミーチュー	ディジュー	ミシュー
one of	want you	meet you	Did you	miss you

高校入試対策

英語リスニング練習問題

基本問題集

≔ contents

※**解答集は別冊です**

はじめに

　グローバル化が急速に進展する中で，外国語によるコミュニケーション能力は，一部の業種や職種だけでなく，今後の生活の様々な場面で必要になってきます。

　学習指導要領では，小・中・高等学校での一貫した外国語教育を通して，外国語による「聞くこと」，「読むこと」，「話すこと」，「書くこと」の４つの技能を習得し，簡単な情報や考えなどを理解したり伝えあったりするコミュニケーション能力を身につけることを目標としています。

　これを受けて，高校入試の英語リスニング問題は，公立高校をはじめ私立高校においても，問題数の増加や配点の上昇が顕著になってきています。

　本書は，全国の高校入試の英語リスニングでよく出題されるパターンを，７つの章に分類し，徹底的に練習できるようになっています。リスニングの出題形式に慣れるとともに，解き方，答え合わせや復習のしかたがよく分かるようになるので，限られた時間の中で効率よく学習ができます。

　高校入試の英語リスニング問題は，基礎的な単語や文法が中心で，長文読解問題に比べればそれほど複雑な内容ではありません。聴き取れれば解ける問題ばかりです。

　本書で，やさしい問題から入試レベルの問題までを繰り返し練習し，入試本番の得点力を身につけてください。

この問題集の特長と使い方

1．準備をする！

　高校入試では一斉リスニングの場合がほとんどです。できればイヤホン（ヘッドホン）を使わずに，CDプレイヤーやスピーカーを準備しよう。

　問題は，章ごとに「基本問題」と「練習問題」があります。「基本問題」に取りかかる前に，「👆ポイント」を読んでおこう。(💬ヒント)や(📝メモ)，(⚠ミスに注意)にも，あらかじめ目を通しておこう。

2．問題に取り組む！

　準備ができたら，集中して音声を聴こう。間違えてもいいので必ず答えを書くことを心がけよう。

3．解答だけを確認する！

　ひとつの問題を解き終えたら，解答集ですぐに答え合わせをしよう。このとき，まだ放送文や日本語訳は見ないでおこう。解答だけを確認したら，もう一度音声を聴こう。正解した問題は聴き取れたところを，間違えてしまった問題は聴き取れなかったところを，意識しながら聴いてみよう。

4．放送文を確認する！

　今度は，解答集の放送文（英文）を目で追いながら音声を聴いてみよう。このとき，キーワードやキーセンテンス（カギとなる重要な文）を確実に聴き取れるまで何度も繰り返し聴いてみよう。途中で分からなくなったら最初から聴き直そう。

5．覚えたい表現やアドバイスを確認する！

　　解答集では，英語リスニング問題でよく出る「覚えたい表現」や，同じパターンの問題を解くときのコツなどをアドバイスしています。よく読んでおこう。

6．日本語訳を確認する！

　　解答集は，放送文と日本語訳が見開きのページに載っているので，照らし合わせながら確認しよう。内容を正しく理解できているか，会話表現の独特な言い回しをきちんと把握できているかを確認しよう。知らなかった単語や表現はここでしっかりと覚えておこう。

- 音声を聞く前に選択肢の絵やグラフを見比べておこう。
- 絵やグラフを見比べたら，どんな英文が流れるか予想してみよう。
- 音声を聞きながら，答えに関係しそうな内容をメモしよう。

基本問題A　難易度 ★ ☆ ☆ ☆ ☆　　正答数 1回目 □ 2回目 □ ／3　解答 ➡ P3

次の対話を聞いて，そのあとの質問に対する答えとして最もふさわしい絵を，**ア，イ，ウ，エ**から1つ選び，記号を書きなさい。

No.1

ア　　　　　　イ　　　　　　ウ　　　　　　エ

 💡ヒント

職業を選ぶ問題かな？

No.2

ア　　　　　　イ　　　　　　ウ　　　　　　エ

 💡ヒント

「ヘルメットをかぶって自転車で公園に行き，野球をする」といった話かな？

No.3

ア　　　　　　イ　　　　　　ウ　　　　　　エ

 📝メモ

卵

みかん □ 個

りんご □ 個

ジュース

No.1		No.2		No.3	

次の英文や対話を聞いて，そのあとの質問に対する答えとして最もふさわしい絵を，**ア，イ，ウ，エ**から１つ選び，記号を書きなさい。

No.1

ア	イ	ウ	エ

💡**ヒント**

腕時計＝watch
掛け時計／置き時計
＝clock

No.2

ア	イ	ウ	エ

💡**ヒント**

天気：雨／雪
移動手段：
徒歩／自転車
どっちかな？

No.3

ア	イ	ウ	エ

📝**メモ**

昨夜 [   ]。

今朝 [   ]。

No.4

ア	イ	ウ	エ

⚠️**ミスに注意**

AMは午前，PMは午後だね。寝た時刻？起きた時刻？

No.1		No.2		No.3		No.4	

次の対話を聞いて，そのあとの質問に対する答えとして最もふさわしい絵やグラフを，ア，イ，ウ，エから1つ選び，記号を書きなさい。

No.1

No.2

No.3

No.4 「球技大会で何をやりたいか？」～クラス別　アンケート結果～

No.1		No.2		No.3		No.4	

次の対話や英文を聞いて，そのあとの質問に対する答えとして最もふさわしい絵やグラフを，ア，イ，ウ，エから1つ選び，記号を書きなさい。

No.1

ア　　　　　　イ　　　　　　ウ　　　　　　エ

No.2

No.3

No.4

ア　　　　　　イ　　　　　　ウ　　　　　　エ

- 音声を聞く前に，選択肢の内容を読み比べておこう。
- 対話を聞いて，最後の英文をメモしよう。
- 最後の英文が質問→質問の答えを選ぶ。質問ではない→話の流れに合うものを選ぶ。

基本問題　難易度 ★★★★★　　　正答数 1回目 [　] 2回目 [　] ／ 4　解答 ➡ P11

　次の対話を聞いて，最後の英文に対する受け答えとして最もふさわしいものを，**ア，イ，ウ**から1つ選び，記号を書きなさい。

No.1
- ア　By plane.
- イ　For six days.
- ウ　With my family.

No.2
- ア　Here you are.
- イ　I'm just looking.
- ウ　It's too expensive for me.

No.3
- ア　Sorry, I'm busy.
- イ　I hope the weather will be nice.
- ウ　Nice to meet you.

No.4
- ア　OK. I'll call again later.
- イ　Shall I take a message?
- ウ　Hello, Yoko. How are you?

最後の英文
How long did you stay there? が聞き取れるかな？

最後の英文

[　　　　　]

this one?

最後の英文が質問ではない→話の流れに合うものを選ぼう。

相手が不在だった時，電話をかけた側がよく使う表現を選ぶよ。

No.1		No.2		No.3		No.4	

次の対話を聞いて，最後の英文に対する受け答えとして最もふさわしいものを，ア，イ，ウ，エから1つ選び，記号を書きなさい。

No.1

　ア　I don't know your phone number.

　イ　I see. Do you want to leave a message?

　ウ　Can you ask him to call me?

　エ　I'm so sorry.

No.2

　ア　Sorry. I haven't washed the tomatoes yet.

　イ　I don't think so. Please help me.

　ウ　Thanks. Please cut these carrots.

　エ　All right. I can't help you.

No.3

　ア　Ten o'clock in the morning.

　イ　Only a few minutes.

　ウ　Four days a week.

　エ　Every Saturday.

No.4

　ア　Sure. I'll do it now.

　イ　No. I've never sent him a letter.

　ウ　Yes. You found my name on it.

　エ　Of course. I finished my homework.

No.1		No.2		No.3		No.4	

- 音声を聞く前に，選択肢の内容を読み比べておこう。
- 対話を聞いて，人物の名前や行動などをメモしよう。
- 質問を聞いて，誰の何についての質問かメモしよう。

基本問題　難易度 ★★★★★　　正答数 □□ ／3　解答 ➡ P15

　次の対話や英文を聞いて，そのあとの質問に対する答えとして最もふさわしいものを，ア，イ，ウ，エから1つ選び，記号を書きなさい。

No.1

- ア　She is going to do Mike's homework with her husband.
- イ　She is going to cook dinner in the dining room.
- ウ　She is going to go to the dining room with Mike.
- エ　She is going to eat dinner with her husband and Mike.

メモ

マイク：□が終わった。おなかが□。□を呼びに行く。
母親：□の準備ができた。

No.2

- ア　Yes, please. I want more.
- イ　Help yourself, Lisa.
- ウ　I'm sorry. I can't cook well.
- エ　Of course. You can take it.

ヒント

対話の最後のリサの勧めに対する答えを選ぶよ。

No.3

- ア　They are in the nurse's office.
- イ　They are in the library.
- ウ　They are at a stationery shop.
- エ　They are at a birthday party.

ヒント

選択肢のThey areは共通だね。場所を選ぶ問題だよ。

No.1		No.2		No.3	

次の対話を聞いて，そのあとの質問に対する答えとして最もふさわしいものを，ア，イ，ウ，エから1つ選び，記号を書きなさい。

No.1
ア　This Saturday.
イ　This Sunday.
ウ　Tomorrow.
エ　Next Monday.

No.2
ア　To do Tom's homework.
イ　To bring Eita's math notebook.
ウ　To call Tom later.
エ　To leave a message.

No.3
ア　Because Mike said some museums in his country had *ukiyoe*.
イ　Because Mike learned about *ukiyoe* last weekend.
ウ　Because Mike went to the city art museum in Japan last weekend.
エ　Because Mike didn't see *ukiyoe* in his country.

No.4
ア　It took about 25 minutes from Toyama to Kanazawa.
イ　Hiroshi walked from Kanazawa Station to Kenroku-en.
ウ　Hiroshi went to many countries during his holiday.
エ　Hiroshi took a bus in Kanazawa.

No.1		No.2		No.3		No.4	

- 音声を聞く前に空欄を見て，聞き取る内容をしぼろう。
- fifteen「15」とfifty「50」などを聞き分けるために，数はアクセントに注意しよう。
- Tuesday「火曜日」とThursday「木曜日」の違いなど，曜日を正しく聞き取ろう。

基本問題　難易度 ★ ★ ☆ ☆ ☆　◎9　　正答数 [　] [　] ／6　解答 ➡ P21

1回目 2回目

No.1　デイビッドと教子の対話を聞いて，【教子のメモ】のア，イ，ウにあてはまる言葉を日本語または数字で書きなさい。

📝メモ

【教子のメモ】

```
        お祭りのダンスイベント
・（　　ア　　）曜日に行われる。
・集合時刻は午後（　　イ　　）。
・集合場所は音楽ホール。
・Ｔシャツの色は（　　ウ　　）色。
```

お祭り：
[　]曜日～[　]曜日
ダンスイベント：
[　]日目

開始時刻: 午後 [　]時

集合時刻: [　]分前

Ｔシャツの色: [　]色

No.2　ケイトと英太の対話を聞いて，【英太のメモ】のア，イ，ウにあてはまる言葉を日本語または数字で書きなさい。

【英太のメモ】

```
・古い建物は（　　ア　　）である。
・約（　　イ　　）年前に建てられ，学校として使われていた。
・昔の人々がどのように（　　ウ　　）していたかを見ることができる。
```

⚠ ミスに注意

アクセントに注意して数を聞き取ろう。

No.1	ア		イ		ウ	
No.2	ア		イ		ウ	

No.1　マイクとリサの対話を聞いて，対話のあとに【リサがナンシーの留守番電話に残したメッセージ】のア，イにあてはまる言葉を英語または数字で書きなさい。

【リサがナンシーの留守番電話に残したメッセージ】

Hi, Nancy.　This is Lisa.

Mike's brother is going to stay in Fukuoka for three weeks.

So Mike and I have decided to take him to a ramen shop next（　ア　）.

They will come to my house at（　イ　）, and we will walk to the shop.

If you want to join us, please tell me.

No.2　ジェームスとアヤの対話を聞いて，対話のあとに【アヤがジェームスに送ったメール】のア，イにあてはまる言葉を英語で書きなさい。

【アヤがジェームスに送ったメール】

Hi, James.

I enjoyed the concert today.

I am happy because I can（　ア　）how to play the violin from you.

I will see you at your house on（　イ　）.

No.1	ア		イ	
No.2	ア		イ	

第5章　　対話と質問（複数）

- 音声を聞く前に，問題文をよく読み，登場人物の名前や立場を把握しよう。
- 音声を聞く前に，選択肢（と質問）から聞き取る内容をしぼろう。
- 音声を聞きながら，「誰が何をした」に関する内容をメモしよう。

基本問題　難易度 ★★★☆☆　◎11　正答数 [1回目] [2回目] ／ 4　解答 ➡ P25

　ALTのブラウン先生とケンジの対話を聞いて，次の質問に対する答えとして最もふさわしいものを，**ア，イ，ウ**から1つ選び，記号を書きなさい。

No.1　What happened to Kenji's basketball team last week?
　ア　His team won the game.
　イ　His team lost the game.
　ウ　His team became stronger by practicing hard.

No.2　How does Kenji feel when he makes mistakes in the basketball game?
　ア　He always feels sorry for his friends in his team.
　イ　He doesn't understand how he feels.
　ウ　He is encouraged by making mistakes.

No.3　When will Kenji have his next game?
　ア　He will have it in December.
　イ　He will have it in November.
　ウ　He will have it in October.

No.4　Which is true?
　ア　Kenji learned that he could improve his basketball skills by making mistakes.
　イ　Kenji was encouraged by his friend's words and smile.
　ウ　Kenji has played basketball for ten years in America.

📝メモ
- 先週の試合でケンジのチームは[　]た。
- ブラウン先生は[　]で[　]年間バスケットボールをしていた。
- ケンジはミスをすると[　]に[　]と思う。
- ブラウン先生はミスをすると[　]に[　]いた。
- しかし，ブラウン先生の友達がまた[　]すればいいと言った。その[　]と[　]に励まされた。
- ケンジはブラウン先生からとても[　]なことを学んだ。今ではミスをすることで[　]の技術が[　]すると信じている。
- ケンジの次の[　]は[　]月にある。
- ブラウン先生は[　]を楽しみにしている。
- ケンジは[　]つもりだ。

No.1		No.2		No.3		No.4	

- 13 -

ダイキとキャシーの春休みの予定についての対話を聞いて，そのあとの質問に対する答えとして最もふさわしいものを，ア，イ，ウ，エから１つ選び，記号を書きなさい。

No.1

ア　He lived in Tokyo.

イ　He lived in Sydney.

ウ　He lived in Osaka.

エ　He lived in America.

No.2

ア　Cathy will.

イ　Sam will.

ウ　Sam's parents will.

エ　Kate will.

No.3

ア　Yes, she does.

イ　No, she doesn't.

ウ　Yes, she has.

エ　No, she hasn't.

No.4

ア　She likes to send e-mails.

イ　She likes to go shopping.

ウ　She likes to go to the zoo.

エ　She likes to take pictures.

No.1		No.2		No.3		No.4	

第6章　　英文と質問（複数）

- 音声を聞く前に，問題文をよく読み，話をする人の名前や立場を把握しよう。
- 音声を聞く前に，選択肢（と質問）から聞き取る内容をしぼろう。
- 音声を聞きながら，キーワードをメモしよう。

基本問題　難易度 ★★★☆☆　◎13　正答数 1回目□ 2回目□ ／3　解答 ➡ P29

　　ALTのグリーン先生が夏休みの宿題について話をします。それを聞いて，次の質問に対する答えとして最もふさわしいものを，ア，イ，ウ，エから1つ選び，記号を書きなさい。

No.1　生徒たちには，どのような宿題が出されましたか。
ア　A report about one of the problems written in the textbook.
イ　A report about what the students did during summer vacation.
ウ　A report about how to use the city library.
エ　A report about people around the world.

No.2　教科書には，何をしなければならないと書いてありましたか。
ア　To read books in the city library for the report.
イ　To finish writing a report about the problems in our environment.
ウ　To learn about how the Internet can help the students.
エ　To keep thinking about protecting our environment.

No.3　生徒たちは，いつ先生に宿題を提出しなければなりませんか。
ア　After the next class.
イ　At the end of summer vacation.
ウ　At the first class after summer vacation.
エ　At the last class of this year.

📝メモ

- ＿＿前の＿＿。明日から＿＿日間の休みに入る。
- ＿＿問題についてのレポートを書く。英単語を＿＿語以上使う。
- ＿＿についての＿＿を読み終えた。
- ＿＿の中で＿＿がある問題を選ぶ。
- ＿＿には＿＿の誰もが環境を＿＿について考え続けなければならないと書いてある。
- 詳しく知りたい人は＿＿や＿＿の本を利用する。
- ＿＿でレポートを提出する。

No.1		No.2		No.3	

　教子が祖母の誕生日パーティーについて話をします。それを聞いて，そのあとの質問に対する答えとして最もふさわしいものを，**ア，イ，ウ，エ**から1つ選び，記号を書きなさい。

No.1

ア　Kyoko's grandmother did.

イ　Kyoko's mother did.

ウ　Kyoko's father did.

エ　Kyoko did.

No.2

ア　Because Kyoko makes a birthday cake every year.

イ　Because Kyoko couldn't buy a cake at the cake shop.

ウ　Because Kyoko's grandmother asked her to make a cake.

エ　Because Kyoko's grandmother made a bag for her.

No.3

ア　Nine hours.

イ　Six hours.

ウ　Four hours.

エ　One hour.

No.4

ア　She enjoyed a special lunch with her grandmother.

イ　She sang a birthday song for her grandmother with her parents.

ウ　She said to her grandmother, "Thank you."

エ　She showed the bag to her grandmother.

No.1		No.2		No.3		No.4	

第7章　　　　　　　　作　文

- 音声を聞く前に，登場人物と作文の条件を確認しよう。
- 本文→質問の順で放送されることが多い。質問は確実に聞き取ろう。
- 自信のない表現は避け，自分が正しく書ける表現を使って英文を作ろう。

基本問題　難易度 ★★★★☆　　正答数 [1回目] [2回目] ／2　解答 ➡ P33

No.1　ジョンと教子の対話を聞いて，教子の最後の問いかけに対する答えを，ジョンに代わって英文で書きなさい。

転校していくクラスメートにしてあげられることを書こう。
We can ～「(僕らは)～できる」の書き出しではじめよう。

No.2　ALTのデイビッド先生の話を聞いて，先生の指示に対するあなたの答えを2文以上の英文で書きなさい。

2文以上で書くよ。質問で2つのことを聞かれるから，それぞれ1文ずつ書こう。
1文目は主語＋can ～「～できる」の形で書くといいね。
2文目の理由は
It's because ～.
「それは～だからだ」を使おう。

No.1	
No.2	

カナダの高校に留学にきた日本の生徒たちに向けてルーシーが学校の案内をします。その説明を聞いて，次の各問いに答えなさい。

　No.1では，そのあとの質問に対する答えとして最もふさわしいものを，**ア，イ，ウ，エ**から１つ選び，記号を書きなさい。

　No.2 では，質問に対する答えをルーシーが説明した内容に合うように英文で書きなさい。

　No.3 では，質問に対するあなたの答えを英文で書きなさい。

No.1

ア　In the gym.

イ　In the library.

ウ　In the lunch room.

エ　In front of their school.

No.2　（質問に対する答えを英文で書く）

No.3　（質問に対する答えを英文で書く）

No.1	
No.2	
No.3	

CDトラックナンバー 一覧

🔊 **音声の聴き方**

ＣＤで音声を聴くことができます。ＣＤ以外でも，教英出版ウェブサイトでＩＤ番号を入力して音声を聴くことができます。ＩＤ番号を入力して音声を聴く方法は，都道府県版（別冊）の1ページをご覧ください。